Anni Dyck

Wachsen im Schatten der Gnade

Meinen drei Geschwistern
– Ruth, Bernd und Christel –
gewidmet

Das will ich mir schreiben in Herz und in Sinn
dass ich nicht für mich auf Erden bin,
dass ich die Liebe, von der ich leb',
liebend an andere weitergeb'.

Anni Dyck

Wachsen im Schatten der Gnade

Meine ersten vierzig Jahre

EDITION WORTSCHATZ

Druck und Bindung des vorliegenden Buches erfolgten in Deutschland

Das verwendete Papier ist FSC-zertifiziert. Als unabhängige, gemeinnützige, nichtstaatliche Organisation hat sich der Forest Stewardship Council *(FSC) die Förderung des verantwortungsvollen und nachhaltigen Umgangs mit den Wäldern der Welt zum Ziel gesetzt*

MIX
Papier aus verantwortungsvollen Quellen
FSC® C083411

Die Deutsche Bibliothek verzeichnet diese Publikation in der Deutschen Nationalbibliografie; detaillierte bibliografische Daten sind im Internet über www.d-nb.de abrufbar

Umschlaggestaltung: Jörg Ehlerding, Kirchberg
Umschlagbilder: Corydalis-Cava-000088511525.jpg, Author: Denis Vesely; Brocken-Panorama-000013532099.jpg, Author: Andreas Weber; beide www.istockphoto.com
Satz und Herstellung: Edition Wortschatz

Edition Wortschatz Schwarzenfeld
ISBN 978-3-943362-26-8, Bestell-Nummer 588 847

www.edition-wortschatz.de

EDITION WORTSCHATZ

Inhalt

Vorwort

Es gibt nur eine Gnade in dieser Welt, die barmherzige Gnade Gottes, des Allmächtigen. - Ich habe als Kind schon unter dem Schatten seiner Gnade gelebt. Das erzähle ich im ersten Kapitel „der Garten“, das wesentlich beiträgt zum Verstehen der weiteren Kapitel. Als ich heute morgen 1. Mose 2,4–15 las, machte Gottes Geist mich darauf aufmerksam, daß auch in unserem Garten ein »Baum des Lebens« – wie im Paradies – gestanden hat.

Die späteren Kapitel sprechen von der Leidenschaft, Kindern zu helfen, den Weg zu diesem „Baum des Lebens“ zu finden, einerlei wie das Haus und der Garten aussieht, in dem sie leben: ihre Villa, ihr Wohnhaus, ihre kleine Wohnung im Hinterhof, ihre Wüste, ihr Trümmerfeld...

Ich kann Kinder nicht in den behüteten Garten meiner Kindheit bringen, obwohl ich überzeugt bin, dass es das Menschenrecht jedes Kindes ist, in einer Umgebung aufzuwachsen, in der Erwachsene es liebhaben, Schlimmes von ihm fernhalten und ihm die Möglichkeit schaffen, an allem Guten zu »saugen«, bis es feste Speise verträgt und stark genug ist, Lasten zu tragen. Für einige Kinder können wir vielleicht die Umwelt verändern, für viele können wir es nicht. Aber wir alle können Kindern – sehr vielen Kindern in vielen Ländern und Kulturen – Wegweiser zu dem »Baum des Lebens« werden, der allen zugänglich auf dem Hügel Golgatha stand – dem Kreuz Jesu. Gott will, dass wir von diesem »Baum« essen, satt werden und für immer leben. Jesus lädt uns ein: »Kommt her zu mir alle, die ihr mühselig und beladen seid. Ich will euch erquicken …«

In der wärmenden Liebe Jesu, im Schatten seiner Gnade, können Kinder sich entfalten und sogar Kraft finden, ihre eigene Umwelt zu verändern. Davon schrieb ein zwölfjähriges Mädchen aus einem New Yorker Ghetto an ihren Pastor: »Ich gehe am Samstag zur Kinderstunde, um Pastor Bill Wilson zuzuhören, der uns das Wort Gottes sagt. Er lehrt uns, auf unsere Eltern zu hören, ihnen zu gehorchen, andere Menschen zu ehren und ihnen zu helfen. Ich liebe Pastor Bill, weil er mir Dinge beibringt, die für mich wichtig sind. Früher habe ich meine Mutter nicht geachtet, aber jetzt tue ich es. Danke, Pastor Bill.«

Es ist eine lohnende Lebensaufgabe, Kinder Gottes Wort zu lehren und ihnen den Weg zu Jesus zu zeigen, bei dem sie Leben und volles Genüge finden. Davon erzählt dieses Buch!

Anni Dyck

I. Das Opfer
(1919)

Die einundzwanzigjährige Seminaristin saß als eine unter anderen im Unterkurs der Frauenmissionsschule Malche in Freienwalde an der Oder. Aber ihre Herkunft unterschied sie von den anderen »Schwestern«, wie die Seminaristinnen genannt wurden. Sie war erst vor kurzem mit Mutter und Geschwistern aus der Ukraine nach Deutschland gekommen, unter dem Schutz deutscher Soldaten, die 1918 aus Russland abgezogen wurden. Auf einer Zwischenstation in Danzig hatte sie während einer Evangelisationsversammlung ihr Leben Jesus Christus übergeben. Nun wollte sie sich in der Frauenbibelschule Malche ausbilden lassen mit dem Ziel, ihre Lehrgabe in den Dienst an Kindern zu stellen.

Da wurde sie ganz unerwartet in das Zimmer der Bibelhausmutter, Fräulein Jeanne Wasserzug, gerufen. »Schwester Lisa, wir haben eine dringende Anfrage des neu gegründeten Missionsbundes ›Licht im Osten‹ bekommen. Er bittet uns, ihm eine unserer Seminaristinnen, die Russisch spricht, als Sekretärin zu vermitteln. Wärst du bereit, diese Aufgabe zu übernehmen?«

Für die Seminaristin stürzt eine Welt zusammen. Sie bringt zunächst nur den einen Satz heraus: »Aber Mutter, ich hatte mich doch so auf die Arbeit mit Kindern gefreut!«.

»Wir haben außer dir aber niemanden, der Russisch spricht«, war die Antwort.

Im Herzen der Seminaristin wird es still. Jesus ist ihr Herr. Wenn dieser Auftrag von Ihm kommt…

So wurde Lisa Pauls Privatsekretärin von Pastor Walter L. Jack, dem Mitbegründer des Missionsbundes «Licht im Osten» in Wernigerode am Harz. Neun Jahre später heiratete sie einen Mitarbeiter dieses Werkes, den Missionssekretär Jacob Dyck, der wie sie aus den deutschen Mennonitensiedlungen in der Ukraine stammte. Das waren meine Eltern. Zwischen 1929–1936 wurden ihnen vier Kinder geschenkt: Ruth, Anni, Bernhard – den wir Bernd nannten – und Christa.

II. Der Garten

(1933–44)

1931 wurde ich als zweite unter den Geschwistern geboren. Zwei Jahre später zogen meine Eltern von Wernigerode in den Vorort Hasserode um, in ein Haus, das sie für einen sehr günstigen Preis hatten mieten können – für dreizehn Jahre, so stand in dem Mietvertrag. Dieses Haus hatte einen sehr großen, weiträumigen Garten, der unser Kinderparadies wurde.

1936. Von links nach rechts: Anni, Ruth, Christa, Bernd.

Diesen Garten eroberte ich mir auf meine Weise, ich fiel ihm geradezu in die Arme! Erst zweijährig war ich wohl mitgestolpert, als meine Eltern und meine ältere Schwester sich das große Areal hinter unserem neugemieteten Haus ansahen. Als sie zum Schluss an die abschüssige Wiese kamen, die zu der Straße »An den langen Teichen« hin abfiel, muss ich mich selbständig gemacht haben. Vielleicht hatte mich das grüne Gras, das wie ein Meer vor uns lag, begeistert, und ich hatte mich hineingestürzt ohne zu beachten, wie abschüssig es war. Ich verlor das Gleichgewicht und kullerte Hals über Kopf die lange steile Wiese hinunter, bis ich unten in den Himbeersträuchern landete, recht verdutzt über die vielen Purzelbäume, die ich gemacht hatte!

Dieser Garten in Hasserode, ein Vorort von Wernigerode am Harz, hatte Raum für alles, was eine kinderreiche Familie brauchte, deren Einkommen an der unteren Grenze lag: Brachliegendes Land zum Anlegen von Gemüsebeeten, Obstbäumen und Beerensträuchern, die den Speisezettel bereicherten und halfen, Obstregale, Einmachgläser und Marmeladengläser für den Winter zu füllen.

Uns Kinder interessierte besonders der schöne Sandkasten, den Vater uns eingerichtet hatte und der unsere Spiel- und Gestaltungsbedürfnisse voll befriedigte. Noch recht klein schleppte ich manchmal meinen zwei Jahre jüngeren Bruder in seiner dicken Wolljacke mit und ließ ihn dann in eine Ecke des Sandkastens plumpsen, damit wir zusammen spielen konnten. Mutter konnte uns vom Küchenfenster aus beobachten.

Krankheitsschatten

Im Spätherbst 1937 stand Mutter wieder am Küchenfenster und sah den Gartenweg entlang, wie er rechts zum Sandkasten hin einbog. Sie erzählte mir später einmal, dass sie im Geist meinen Bruder gesehen habe, wie er nun mich an die Hand nahm und zum Sandkasten führte, damit ich mit ihm spielen konnte. Er führte mich; ich war blind!

Was war geschehen? Im Spätsommer 1937 hatten die Eltern beschlossen, dass Mutter mit uns vier Kindern und unserer Haushaltshilfe, unserer geliebten Tante Lilo, zur Erholung nach Hirschegg im Kleinen Walsertal fahren sollte. Mein Bruder und ich hatten im Winter zuvor immer wieder Fieberschübe gehabt, ohne dass eine Ursache gefunden werden konnte. Nun sollten wir uns alle in den Bergen erholen. Dort bekam ich im Herbst eine Augenentzündung, die dem Arzt im Nachbardorf zuerst nicht so gefährlich erschien, bis ich plötzlich gar nichts mehr sehen konnte. Der erschrockene Arzt schrieb auf der Stelle eine Überweisung in die Augenklinik nach Memmingen im Allgäu. Und als mir dort nicht geholfen werden konnte, brachte mich eine Bekannte direkt in die Universitäts-Augenklinik in Halle an der Saale. Dort arbeitete Mutters Schwester als Diakonisse. An dieser Klinik praktizierte der bekannte Augenarzt Professor Dr. Clausen. »Vierundzwanzig Stunden später hätte ich nicht mehr helfen können«, sagte er nach der ersten Untersuchung. (Seine eigene Frau war erblindet.) Eine verkapselte TBC der Bauchspeicheldrüse hatte sich im Körper verbreitet und war auf die Augen geschlagen.

Dies war der Anfang einer sechs Monate langen Krankheitszeit, die ich in verschiedenen Krankenhäusern verbrachte. Als das Augenlicht gerettet war, erkrankte ich gleichzeitig an

Masern und Scharlach. Weihnachten verbrachte ich also auf der Isolierstation in Halle, war aber schon munter genug, um mit Engelsflügeln im Bett zu sitzen und die vorübergehenden Schwestern und Ärzte mit dem Gedicht »Denkt euch, ich habe das Christkind gesehen« zu erfreuen. Sicher hat es mir eine Schwester während ihrer Freizeit beigebracht und sich gefreut, wie schnell ich es auswendig lernte!

Nachdem Scharlach und Masern überstanden waren, bekam ich eine schwere Tbc-Lymphdrüsenentzündung rechtsseitig am Hals, die mich an den Rand des Todes brachte. Und als diese überstanden war und ich im Frühjahr aus Halle in das Kreiskrankenhaus nach Wernigerode verlegt werden konnte, steckte ich mich auf der Kinderstation an Keuchhusten an. Bei ihrem nächsten Krankenbesuch fand Mutter mich nicht im Kinderkrankensaal. Sie wurde an die Isolierstation verwiesen und sah durch ein Glasfenster, wie ich ganz elend im Bett lag. Daraufhin berieten sich meine Eltern mit unserem Hausarzt Dr. Fischer, und mit seinem Einverständnis holten meine Eltern mich gegen den Willen des Krankenhausarztes nach Hause. »Sie sind für diesen Schritt selbst verantwortlich«, sagte er aufgebracht.

Zu Hause war unser so genanntes »Kleines Zimmer« zu ebener Erde schon zu einem Isolierzimmer umfunktioniert worden. Draußen kletterten meine Geschwister mit einigen Nachbarkindern auf einen Vorsprung an der Hauswand und guckten durchs Fenster zu mir herein. Hatten wir uns doch ein halbes Jahr lang nicht mehr gesehen!

Gründonnerstag

Es war Gründonnerstag, als ich heimkam. Am Abend, nachdem Mutter meine Geschwister zu Bett gebracht hatte, zog sie sich ihre weiße Ärmelschürze an, die in meinem Zimmer an der Tür hing, und setzte sich an mein Bett. Aus einer bebilderten Kinderbibel las sie mir die Passionsgeschichte vor. Es ist die erste biblische Geschichte, an die ich mich bewusst erinnern kann. Ich konnte an jenem Abend das Leiden Jesu tief mitempfinden und musste sehr weinen.

Seit jenem Gründonnerstag war Jesus eine Wirklichkeit in meinem Leben. Gottes Liebe, die mich durch die monatelange Krankheitszeit begleitet hatte, die Gebete vieler, die mich besonders in der Zeit meiner Erblindung umgaben, und meine eigene Hilflosigkeit und Sehnsucht nach Geborgenheit in fremder Umgebung hatten in mir einen Landeplatz geschaffen, an dem Gott sich mir in der Gestalt Jesu Christi offenbaren konnte.

Sehr viel später, als ich mich immer aufs Neue mit der Frage der Kinderbekehrung auseinandersetzte, fiel mir jener Abend am Gründonnerstag wieder ein. Mutter fragte mich damals nicht, warum ich denn weinte oder ob ich Jesus in mein Herz aufnehmen wolle. Ich weiß nicht einmal, wie klar in der Geschichte ausgedrückt war: »Das tat Jesus für dich.« Ich weiß nur, dass Mutter bei mir war und mir die Geschichte von Jesu Leiden vorlas und ich weinte, nicht so sehr wegen meiner Sünden, sondern wegen Jesu Leiden und was Menschen ihm angetan hatten. Es war ein Anfang! Aber diese Nähe zu Jesus blieb auch in den kommenden Jahren.

Auf der Hausschwelle

Es kam etwa so, wie meine Mutter es einige Monate zuvor vor ihrem inneren Auge gesehen hatte. Während einiger Wochen wurde mein jüngerer Bruder mein Führer, aber ich war nicht mehr blind!

Wenn meine ältere Schwester mit dem Ranzen auf dem Rücken in die Schule gegangen war, saßen wir beide oft noch eine Weile auf der Verandaschwelle in der Morgensonne. Ich quälte mich appetitlos damit ab, einen Apfel oder eine Banane hinunterzuschlucken, sodass mein Bruder in die Küche zurückging und fragte: »Mutti, muss Anni bedingt-bedingt den Apfel essen?« Ja, sie musste ihn unbedingt essen!

Mein Bruder zeigte mir auch, was er in meiner Abwesenheit gelernt hatte. Er hatte sich selbst beigebracht, wie er auf originelle Weise seine Schnürsenkel binden konnte, was ich noch nicht konnte. Ich hatte ja ein halbes Jahr lang keine Schuhe gebraucht und gerade erst wieder gehen gelernt. Später ging er mit mir in den Garten um mir zu zeigen, was sich da alles verändert hatte. Die flachen Schwertlilienblätter säumten wie strenge Wächter rechts und links den Mittelweg. Er konnte mit einem Satz hinüber auf den Rasen springen. Ich dagegen war froh, dass ich gerade bis zum Sandkasten gehen konnte. Wir begannen wieder im geschützten Raum unseres Gartens miteinander zu spielen.

Von April bis Juni war mein Bruder glücklich mit mir als seiner Spielgefährtin. Ich war anregender für ihn als sein kleines zweijähriges Schwesterchen. Zu zweit hatten wir unerschöpfliche Ideen und waren beide gleich eifrig, sie auszuführen. Diese zwei Monate waren die Schwelle zwischen meiner frühen Kindheit und dem Schulbeginn.

Verspäteter Schulbeginn

Im Juni 1937 war es dann soweit, dass ich auch, wenn auch verspätet, eine bunte Schultüte bekam, den Ranzen aufsetzen und morgens mit meiner älteren Schwester zur Volksschule gehen konnte. Ich begann zwei Monate später als alle anderen Kinder, und dabei ist es geblieben bei sämtlichen Schulen, die ich besucht habe: Die Fürstin-Anna-Oberschule in Wernigerode, die Mittelschule in Hildesheim, das Töchterinstitut in Korntal, das Fröbelseminar in Stuttgart und das Goshen College in den USA: In allen Schulen habe ich wegen Krankheit oder Krieg oder Flucht stets etwas später als die anderen Schüler und Schülerinnen angefangen. So musste ich mich immer erst als »Neue» in eine bestehende Klassengemeinschaft einfinden. Das war nirgends leicht!

Ich ging aber gern zur Schule. Nur dass ich in der ersten Volksschulklasse »Anni-Maus« genannt wurde, gefiel mir nicht. Es gab zwei Annis in dieser Klasse und ich muss wohl recht klein und schmal ausgesehen haben! In den ersten Jahren hatte ich eine strenge, aber gerechte und verständnisvolle Lehrerin, die aus ihrem Christsein auch in der Nazizeit keinen Hehl machte. Aber später, während des Krieges, als viele jüngere Lehrer an die Front geschickt wurden, bekamen wir alte, zum Teil schon pensionsreife Lehrer, die einen veralteten Unterrichtsstil und verbrauchte Nerven hatten und in dem rauen Klima der Nazizeit recht grob mit uns umgingen, vor allem mit den Jungens.

Meine Gesundheit blieb angeschlagen. In jedem Frühling, wenn es draußen warm wurde, wenn Goldregen und Flieder im Garten zu blühen begannen und alles hinauslockte zum Spielen, brach die alte Tbc-Wunde an meiner Halsdrüse auf und ich musste wieder viel liegen. So fand ich meinen Weg in die Welt der Bücher. Alles was ich in diesen Schuljahren an echtem Erleben draußen entbehren musste, ersetzten mir Mutters Bücher. Sie gaben mir Flügel und nahmen mich mit in eine weite Welt ohne Grenzen.

Mutters Bücher

Mutter war die große Bücherleserin in der Familie. Sie kaufte unsere ersten Bilderbücher, noch ehe wir auf der Welt waren. Später schenkte sie uns ohne Bedenken Grimms, Andersens und Hauffs Märchen und auch Sagenbücher, obwohl Vater nichts von dieser Literaturgattung hielt. Es waren ja keine »wahren« Geschichten! Aber Mutter schenkte er zu jedem Geburtstag eine wertvolle Biographie und las ihr manchmal abends daraus vor, wenn Mutter vor dem Berg von ungestopften Strümpfen saß. Mein Bruder machte mit dem Bilderduden, den er fast auswendig kannte, seine ersten Leseversuche. Dazu waren die Bücherregale in unserem Haus voll von Sachbüchern, vor allem über Tiere und Vögel, sodass wir unseren Wissensdurst stillen konnten weit über das hinaus, was wir in der Schule lernten

Bücher von Schriftstellerinnen wie Johanna Spyri, Margarete Lenk und Agnes Sapper legten einen festen Grund literarischen Stils und ethischer, christlicher Werte in meinem Leben. Sie weckten mein Verständnis für manche geschichtlichen Epochen wie z. B. die Reformationszeit und den dreißigjährigen Krieg, lange bevor wir diese in der Schule durchnahmen. Sie füllten meinen Geist mit bunten, lebendigen Bildern, über die ich nachdenken konnte und die mich prägten. In einem Jahr, als wir vier Geschwister zur gleichen Zeit Windpocken hatten, saß Vater am Sonntag in unserem zum Krankenzimmer umfunktionierten Kinderzimmer und las uns Christina Roys Bücher »Der Knecht« und »Im Sonnenland« vor. Diese Bücher waren geistige und geistliche Nahrung für uns. Sie blieben für immer mit Vaters Liebe zu uns und mit seinem Vorlesestil verbunden.

Bald wuchs in mir der Wunsch, auch schreiben zu können und einen Beruf zu ergreifen, in dem ich mit Büchern umgehen würde. Buchhändlerin stand ganz vorne auf meiner Wunschliste

Wenn ich heute zurückdenke, dass ich während meiner Schulzeit nicht ein einziges schlechtes oder geschmackloses Buch in unseren Bücherregalen fand, keine einzige zweideutige oder anzügliche Zeitschrift herumlag, nichts, was uns schaden, aber viel, das uns aufbauen konnte, dann komme ich mir vor wie ein Mensch aus einer anderen Welt, verglichen mit der Welt der Kinder heute. Das Radio war gerade erst im Kommen, es gab kein Fernsehen, aber viel Zeit für Bücher.

Bill Wilson, der heute in New York City Sonntagsschule für Tausende von Ghetto-Kindern hält, wurde einmal vorgeworfen: »Du machst ja Gehirnwäsche mit deinen Kindern.« Worauf er erwiderte: »Ich wünschte, ich könnte es tun.« Er dachte an all den Schund und die Gewalttaten, die durch Fernsehen, Zeitschriften und auf den Straßen den Kindern täglich durch die Augen ins Gehirn drangen und ihr Weltbild formten.

Das wichtigste Buch

In Vaters und Mutters Leben, die ja beide Bibelschulen besucht hatten, nahm das Wort Gottes einen hohen Stellenwert ein. Es prägte ihr Denken und Handeln. Wir konnten als Kinder beobachten, wie sie sich danach ausrichteten, ihre Entscheidungen trafen und wie es sie in späteren Krisenjahren hindurch trug. Mutters Bibel hatte einige Bilder, die es mir schon als kleines Kind sehr antaten. Es gibt ein Schwarzweißfoto in unserer Familie, wo die Erwachsenen auf der abschüssigen Wiese im Garten Birnen auflesen, während ich am Rand der Wiese sitze und Mutters Bilderbibel angucke.

Es lag meinen Eltern sehr am Herzen, dass wir schon als Kinder Zugang zur Bibel fänden. An einem ersten Adventssonntag, den die Eltern immer sehr feierlich gestalteten, fanden wir beiden Großen zu unserer Überraschung jede ein Neues Testament auf unserem Frühstücksplatz. Das meiner Schwester hatte einen braunen, meins einen hellrosa Einband. Sie waren ausgestattet mit Bildern von Schnorr von Carolsfeld.

Als wir unserer Kinderbibel entwachsen waren suchte Mutter lange nach einem biblischen Vorlesebuch, dass sich für ältere Kinder eignete. Sie korrespondierte persönlich mit Pfarrer Rüdiger Alberti, der wie auch unser Vater als Soldat an der Front diente. Er war der Verfasser eines Buches mit biblischen Geschichten aus dem Alten und Neuen Testaments für ältere Kinder. Sein Erzählbuch wurde während der ganzen Kriegsjahre unsere Abendlektüre. Und wenn wir es fertig gelesen hatten, fingen wir wieder vorne an.

Noch später gingen wir dazu über, spannende und gut verständliche Geschichten direkt aus der Bibel zu lesen. Ich entsinne mich an einen Sommerabend, an dem wir alle um unseren kleinen Küchentisch saßen. Die Abendsonne fiel ins Küchenfenster und wir lasen das Buch Esther.

Unsere Eltern legten unserem Familienleben biblische Prinzipien zugrunde. Man lebte einfach so, und wir merkten erst später, dass man auch anders leben konnte. Eines Tages kam meine ältere Schwester von einer Klassenkameradin zurück, wohin sie zum Mittagessen eingeladen worden war. Sie berichtete: «Mutti, dort beten sie nicht vor dem Essen. Ich habe meine Freundin gefragt, warum nicht. Da sagte sie, ihr Vater sei immer so hungrig wenn er heimkäme; er könne nicht warten, bis sie gebetet hätten.»

Der Sonntag

Das Gebot »Du sollst den Feiertag heiligen« war den Eltern schon in ihrer Heimat in der Ukraine tief eingeprägt worden. Es wurde auch in unserer Familie befolgt, aber ohne gesetzlich zu werden. Der Sonntag war der schönste Tag der Woche. Am Sonntag war alles anders.

Es begann damit, dass nach dem Samstag-Saubermachen, das ich hasste, das Sonntagsessen vorbereitet und das Sonntagsgebäck in den Ofen geschoben wurde. Wir alle besaßen Sonntagskleider und -strümpfe, die am Vorabend bereitgelegt wurden, auch die Schuhe wurden geputzt, nachdem die Straße vor dem Haus und die Gartenwege gefegt worden waren.

Am Sonntagmorgen wurde im Gegensatz zum Alltag eine Kaffeedecke aufgelegt und dann kam das Sonntagsgeschirr aus dem Schrank. Sonntag war der einzige Tag, an dem wir Zucker in den Kaffee nehmen durften. Auf dem Tisch stand Erdbeer-Rhabarber-Marmelade, die wir nur am Sonntag aßen. Die Eltern gingen zum Hauptgottesdienst in die Kirche und wir zum Kindergottesdienst. Nach dem Mittagessen legte Mutter eine Pause ein und Vater wusch Geschirr ab, während wir abtrockneten. Dabei erzählte er uns aus seiner Kindheit in Russland. Weil Vater sonst eher still war, immer tätig in seinem Büro oder im Garten, waren diese Stunden des gemeinsamen Abwaschs etwas ganz besonderes. Durch Vaters Erzählen lernten wir auch unsere Verwandten in Russland kennen, obwohl wir nur die wenigsten von ihnen zu Gesicht bekommen haben.

Am Nachmittag waren manchmal Gäste eingeladen. Bei gutem Wetter trugen wir die Tablette mit Kaffeegeschirr, Kaffee, Milch und Kuchen durch den ganzen Garten zum »Brockenblick« hinauf oder noch weiter in die untere Laube, wo man so schön im Schatten sitzen konnte. Wenn wir keine Gäste erwarteten, gingen wir im nahe gelegenen Wald spazieren. Und wenn es regnete, war es auch kein Unglück. Wir hatten ein Spiel, das nur am Sonntag aus dem Schrank kam, und die Eltern, wenigstens Mutter, spielten mit uns. Oder wir warfen Bilder mit der Laterna Magica an die Wand.

Vom Feiern des Sonntags ist bis heute ein Glanz in meinem Herzen zurückgeblieben. Am Sonntag konnten wir Gottes Segen schmecken und fühlen! Und auch als die Organisation der Hitlerjugend ihre Hand auf diesen Tag legen wollte mit Filmprogrammen und Lagern, nahmen wir selten daran teil. Sonntag war Sonntag. Gott hatte diesen Tag zum Ruhetag bestimmt. Er hatte nach der Schöpfung an diesem Tag geruht und sich über alles gefreut, das er erschaffen hatte. Auch wir sollen uns an diesem Tag freuen über Gott und sein Wort, an der Natur, an unserer Gemeinschaft.

Gäste

Das Wort: »Gastfrei zu sein vergesset nicht, denn dadurch haben manche ohne ihr Wissen Engel beherbergt« wurde uns Kindern nicht mit Worten, sondern durch die Gastfreundschaft unserer Eltern eingeprägt. Wie manche »Engel« sind bei uns ein- und ausgegangen! Oft waren es Menschen aus den östlichen Ländern wie Russland, Polen, Bulgarien oder Litauen, was mit der Arbeit meiner Eltern zusammenhing. Manchmal kamen auch Freunde aus Berlin, die sich im Harz erholen wollten. Einige zahlten

Mutter ein Kostgeld, andere nicht. Aber jedes Mal blieb ein Segen zurück. Mitgebrachte Süßigkeiten wanderten in eine wertvolle, von unserer Nenn-Omi ererbten Bonbonniere, aus der wir täglich nach dem Mittagessen etwas bekamen. Geldgeschenke wurden in der »Freudenkasse« angelegt. Bei der Planung unserer Ausflüge war ein wichtiger Faktor, wie viel Geld in der Freudenkasse war.

Aber auch Menschen, die zu jener Zeit keine Achtung genossen, durften zu uns kommen und sich zuhause fühlen. So haben wir einen französischen Gefangenen, der unsere Obstbäume okulierte, immer als Freund angesehen. Mein damals elfjähriger Bruder, der sich in Vaters Abwesenheit für unseren Garten verantwortlich fühlte, lernte von ihm das Okulieren.

Ich besinne mich an einen Winterabend, an dem in kleinen Gruppen russische und ukrainische Frauen zu uns ins Haus kamen, Christen, die Mutter irgendwo kennengelernt hatte. Sie waren zur Zwangsarbeit nach Deutschland gebracht worden und hatten wohl ab und zu am Abend Ausgang. Wir vergaßen alle Vorsicht und ließen sie ihre Lieder anstimmen. Am nächsten Morgen sahen wir viele Fußstapfen im Schnee vor unserem Wohnzimmerfenster. Die Nachbarn hatten zugehört, aber niemand zeigte uns an. Eine Nachbarin fragte Mutter: »Wann kommen die denn wieder und singen?«

General Benua

Was es hieß, dem Versprechen Freunden gegenüber treu zu bleiben lernten wir durch unsere Beziehung zu dem alten russischen General Benua, der mit seiner Frau nach Deutschland emigriert war. Als sie im Sterben lag, bat sie meine Eltern: »Vergesst mir mein Alterchen nicht!«. Vater und Mutter versprachen es ihr und wir haben das Versprechen als Familie gehalten! Jahr für Jahr brachten wir dem alten, einsam gewordenen General an besonderen Tagen russisches Essen, das Mutter gekocht hatte, oder russisches Gebäck in seine ärmliche Behausung. Später wurde er in ein Altersstift verlegt. Bei einem Bombenangriff auf Wernigerode wurde dieses Stift schwer getroffen. Mutter ging selbst durch die Reihen der in einer Turnhalle aufgebahrten Leichen, um ihn, sollte er unter ihnen sein, zu identifizieren. Er war aber zur Zeit des Angriffs bei einem Freund auf Besuch gewesen! Als er später starb, wusste er, der nach dem Tod seiner Frau mutterseelenallein in der Fremde gewesen wäre, dass er eine Familie gehabt hatte: Uns!

»Mutti, sind wir reich?«

Diese Frage stellte ich Mutter eines Tages. Sie war wohl recht verblüfft, aber dann sagte sie spontan: »Ja, wir sind reich!« Ich war zufrieden, denn ich war auch davon überzeugt. Niemand in der Nachbarschaft hatte einen Garten wie wir. Dank Mutters Fleiß an der Nähmaschine waren wir meistens auch hübscher angezogen als die anderen Kinder auf unserer Straße, von denen viele aus Arbeiterfamilien kamen. Und niemand hatte so viele Bücher wie wir!

»Sind wir reich?« Die Frage hätte mit einem »Nein« beantwortet werden müssen wenn sie gelautet hätte: »Haben wir viel Geld?« Mutter brauchte nur an die mit Stoff überzogenen Apfelsinenkisten im Schlafzimmer zu denken, die die Nachttische abgaben, und an manches andere Improvisierte in unserem Haushalt. Die Eltern waren fest überzeugt, daß Gott uns täglich mit allem versorgte, was wir zum Leben brauchten.

Ein Beweis dafür waren Haus und Garten. Als die Eltern einfach keine Wohnung gefunden hatten, die groß genug für eine kinderreiche Familie gewesen wäre und zugleich von dem kleinen Gehalt eines Missionssekretärs hätte bezahlt werden können, lenkte Gott ihre Aufmerksamkeit auf ein Anwesen in Hasserode. Es sollte der Alterssitz der Familie aus Süddeutschland werden, die uns ihr Haus für 13 Jahre vermietet hatte. Ihnen ging es nicht so sehr um einen hohen Mietpreis als darum, dass verlässliche Leute Haus und Garten verwalteten und in Stand hielten, bis sie nach dreizehn Jahren selbst einziehen würden. Wir zahlten einen erstaunlich niedrigen Mietpreis. Dreizehn Jahre lang waren dies Haus und sein Garten unser Kinderparadies. Als die dreizehn Jahre um waren, mussten wir nach Westdeutschland flüchten. Haus und Garten wurden daraufhin zunächst einer Familie zugewiesen, die gerade aus dem Konzentrationslager entlassen worden war. Die Besitzer wollten sowieso nicht in die russische Zone ziehen.

Ja, Gott versorgte uns mit dem, was wir brauchten. Aus dieser Erfahrung kam die Freiheit, an andere weiterzugeben, auch wenn es zu Hause knapp war. Oft erlebten wir, dass das, was wir weitergaben, auf geheimnisvolle Weise wieder zu uns zurückfloss. Daraus erwuchs Sorglosigkeit. Wir waren nicht reich und waren doch reich. Dass man mit wenigem nicht nur zufrieden sein konnte, sondern dass sich soviel damit anfangen ließ, weil Liebe erfinderisch macht, war ein weiteres Lebensprinzip, das sich mir tief einprägte. Als Vater starb, fanden wir in seinem Geldbeutel einen Pfennig. Er hatte nicht viel für sich gebraucht, aber gab freizügig, wenn er eine Not sah. Bei uns verwaltete Mutter die Kasse. Sie hatte den besseren Überblick über die Bedürfnisse unserer großen Familie und konnte gut rechnen.

Unser Wald

Als wir älter wurden, brauchten unsere Spiele mehr Raum, als der Garten uns bot.

Meine ältere Schwester hatte ihre Freundinnen und Spielgefährten in der Nachbarschaft gefunden und meine jüngste Schwester spielte noch mit Puppen. Zusammen mit meiner Freundin und ihrer Schwester gründeten mein Bruder und ich einen Indianerstamm, nachdem wir das Buch »Tecumseh« von Fritz Steuben gelesen hatten. Es gab damals kaum Bücher zu kaufen; mein Bruder hatte dieses Buch zum Geburtstag bekommen. Nun schrieb meine Freundin es sich Seite für Seite ab, eine Leistung, über die ich heute noch staune. In unserem Indianerstamm hatten wir eine eigene Schrift und eine Geheimsprache, bauten unser Wigwam im Wald und veranstalteten Mutproben in allen möglichen Bereichen, nicht nur im Klettern und Springen. Eine davon war, unter allen Umständen Eltern und Lehrern die Wahrheit zu sagen. Wir setzten dies in die Praxis um, als wir eines Tages wegen Fliegeralarm nach Hause geschickt wurden und meine Freundin und ich so versunken in unsere Spiele waren, dass wir bei Entwarnung nicht gleich zur Schule zurückgegangen waren. Es brauchte Mut, dem Lehrer einfach zu sagen, wir hätten über dem Spielen die Entwarnung nicht beachtet. Er war überrascht über soviel Ehrlichkeit und wir wurden nicht bestraft. Das ermutigte uns sehr, auch in Zukunft bei der Wahrheit zu bleiben.

Das Spielen im Wald, das Wandern, Laufen, Klettern, Bogenschießen, Speerwerfen, Tiere beobachten, kurz alles, was damit zusammenhing, bewahrte mich davor, mich zu sehr in die Welt der Bücher zurückzuziehen. Es stabilisierte meine Gesundheit, ich wurde kräftiger und mutiger. Wir lebten so tief in unserer eigenen Welt, dass wir die Versammlungen der Jungmädels, der jüngsten Formation der Hitlerjugend, an denen wir natürlich teilnehmen mussten, als lästiges Soll absaßen. Wir müssen aber dort einen guten Eindruck gemacht haben, denn eines Tages fragte uns unsere Leiterin, ob wir uns nicht zu Führerinnen ausbilden lassen wollten. Da sagten wir recht ehrlich, dass wir dazu keine Zeit hätten.

Unser Wald war nicht nur ein wunderbares Gelände zum Schweifen und Spielen, sondern auch unerschöpflicher Lieferant von Pilzen, Beeren und Bucheckern, die unsere mageren Lebensmittelvorräte während des Krieges aufbesserten. Der Wald lieferte außerdem Holzabfälle und Tannenzapfen, die wir im Winter im Ofen verfeuerten.

Noch einmal krank in Halle

Im Frühling 1943 – ich war zwölf Jahre alt – flammte meine frühere Krankheit noch einmal mit aller Heftigkeit auf. Die Halsdrüse schwoll an, beide Augen waren entzündet, und auf dem linken Auge verlor ich erneut die Sehkraft. Deshalb musste ich wieder zurück nach Halle in die Universitätsaugenklinik, herausgerissen aus der Schulzeit und unseren Waldspielen. Diesmal empfand ich mein Kranksein viel stärker, und da es mit der beginnenden Reifezeit zusammenfiel, wurde es zu einem tiefen Einschnitt in meinem Leben. Die Tür zu meiner Kinderzeit fiel hinter mir zu.

Statt in meiner gewohnten Welt – Familie, Schule, Haus, Garten und Wald – befand ich mich nun wieder in einer Welt der weißen Kittel, der Schwestern, Ärzte und Patienten. Meine Tante hatte mich in ihr Schwesternzimmer aufgenommen, sodass ich nicht als Patientin auf einer Krankenstation lag. Ich brachte viel Zeit auf ihrer Station zu, auf der sie Soldaten pflegte, die aus dem Krieg mit Augenverletzungen in Heimatlazarette zurückverlegt worden waren. Da saß ich dann mit der Wärmeschlinge über meinem linken Auge und sah viel Elend. Einige der Soldaten hatten nicht nur ihr Augenlicht, sondern dazu auch Arme oder Beine verloren. Nachts gab es oft Fliegeralarm, der ernster zu nehmen war als der, den wir Abend für Abend im Harz erlebten, wenn die feindlichen Bomber ohne unser Gebiet anzugreifen nach Berlin flogen. Halle wurde wiederholt Ziel von Bombenangriffen, und so mussten wir unbedingt in den Luftschutzkeller. Da führte dann der Blinde den Lahmen, andere wurden in Rollstühlen und Rollbetten transportiert.

Ich war völlig eingetaucht in die Welt der Erwachsenen. Es gab wochenlang keine Kinder in meiner Welt, auch keinen Kindergottesdienst, da ich nicht allein dorthin gehen konnte. Dafür nahmen sich die Diakonissen meiner an. Jeden Samstagabend ging ich mit ihnen zusammen durch die Krankenstation, um für die Patienten zu singen. Das brachte Abwechslung in meine Tage und ich freute mich jede Woche auf dieses Samstag-Singen. Dabei lernte ich viele Lieder kennen und fühlte mich erwachsen werden.

Wenn meine Tante Dienst hatte, nahm mich eine der anderen Schwestern mit zum Gottesdienst meiner Sehbehinderung wegen. So hörte ich regelmäßig Gottes Wort, für Erwachsene ausgelegt, und musste mich ordentlich strecken, aber ich verstand mehr und mehr.

An einem Sonntag sprach ein Prediger über Kolosser 1,13–14. Als er die Worte »Er hat uns erlöst von der Macht der Finsternis und versetzt in das Reich seines lieben Sohnes« veranschaulichen wollte, ging er an das äußerste Ende des langen Podiums, tat als hebe er etwas auf, lief damit zum entgegengesetzten Ende und setzte seine Last ab. Dieses

Wort und diese Bewegung benützte Gottes Geist, um mir die Wirklichkeit des Versetztseins aus dem Reich der Finsternis in das Reich des Lichtes so tief einzuprägen, dass ich es nie mehr vergaß. Später in Indonesien entwickelte ich aus dieser Erinnerung ein Anschauungsmaterial, das unzähligen Kindern diese geistliche Wahrheit einprägte und sie ermutigte, den Schritt über die Linie ins Reich des Lichtes zu wagen.

Auch für mich selbst bekam dieses Kolosserwort an jenem Sonntag eine tiefe Bedeutung. Ich war in das Reich Christi versetzt. Wann? Wie? Es war einfach so. Ich begann zu erleben, was Petrus beschreibt: »Als die neu geborenen Kindlein seid begierig nach der lauteren Milch des Wortes.« Ich war begierig nach dem Wort Gottes und begann, die Predigten für Erwachsene zu verstehen. Wenn meine Augen erst wieder gesund sein würden, wollte ich die Bibel lesen!

III. Wurzeln im Felsen

(1944–49)

Und denk daran, was der Professor dir sagte: Ein Jahr lang kein Sport, nicht einmal herumrennen, bis du wieder ganz gesund bist.« Mit diesen Worten entließ mich die Oberschwester der Universitätsaugenklinik in Halle. Ich hörte sie nicht gern. Wieder eine Bremse, und das ein ganzes Jahr lang! Meine Freundin tröstete mich zwar, dass ich, statt Unterhäuptling zu bleiben, Medizinmann in unserem Indianerstamm werden könnte. Sie ahnte noch nicht, dass die Zeit des Indianerspielens für mich vorbei war!

Die Bibel beginnt zu sprechen

Meine Klassenkameradinnen lernten schwimmen und Rad fahren, und ich war wieder viel allein! Es gab aber in diesem Jahr vor Kriegsende etwas, das die Leere füllte. Meine ältere Schwester, die auch dem Kindergottesdienst entwachsen war, ging in einen Jugendbibelkreis. Dahin nahm sie mich mit. Wir durften nur nacheinander zu zweit oder zu dritt in die Wohnung der Jugendreferentin kommen und nach der Stunde so das Haus auch wieder in kleinen Gruppen verlassen. Obwohl das Ende des Dritten Reiches abzusehen war, war die Wachsamkeit allen unerwünschten Versammlungen gegenüber schärfer denn je. Der 20. Juli hatte das Seine dazu beigetragen!

Diese Stunden, in denen wir die Bibel lasen, eröffneten mir eine neue Welt. Ich spürte, dass ich an eine unerschöpfliche Quelle geraten war. Einmal sprachen wir über die Sünderin, die Jesu Füße salbte, und lasen dazu dieses Ereignis in Lukas 7. Nach dieser Stunde ging ich nach Hause und richtete mir ein Schreibheft ein, in dem ich Wort für Wort aufschrieb, was ich behalten hatte. Sie blieb meine Lieblingsgeschichte, deren reiche Kontraste mich fesselten! Wie oft haben wir an dieser Geschichte später in Indonesien Sonntagsschulhelfern gezeigt, wie man Kontraste in einem biblischen Geschehen herausarbeitet!

Der Krieg ist zu Ende …

Am 18. April 1945 wurde ich 14 Jahre alt. Meine Freundin und ich saßen auf dem Brockenblick, der höchsten Erhebung unseres Gartens, und beobachteten die feindlichen Flugzeuge in der Ferne bei ihrem Luftangriff. Wenige Wochen später kapitulierte Deutschland. Der Krieg war zu Ende! Keine Angst mehr vor Bombenangriffen! Die Nacht durchschlafen dürfen! Das kannten wir kaum mehr!

In diesem Sommer blieben die Schulen geschlossen. Alle Schüler vom dreizehnten Lebensjahr an wurden klassenweise in der Landwirtschaft eingesetzt. So waren sie in den ersten unruhigen Monaten der Nachkriegszeit nutzbringend versorgt! Meine Klasse arbeitete monatelang auf einer Obst- und Heilkräuterplantage, in der »Eselshufe«. Nur während der Süßkirschenernte wurden wir in der Feldarbeit eingesetzt. Wir nahmen das dem Besitzer sehr übel, vergalten es ihm aber in der Apfelernte. Da ließen wir uns die reifen

Äpfel in den Arbeitspausen schmecken! Ich schnitt in der Mittagspause auch viele angefaulte Äpfel aus und nahm sie mit nach Hause, wo unsere hungrige Großfamilie sich sehr über diese zusätzliche Nahrung freute! Im Herbst wurden die gerade wiedereröffneten Schulen aufs Neue geschlossen und über ganz Wernigerode strenge Quarantäne verhängt. Typhus war ausgebrochen!

Während dieses Sommers wurde unser Gebiet Sachsen Anhalt und Thüringen von einer Besatzungsmacht an die andere weitergereicht. Zuerst von den Amerikanern »befreit« fanden wir uns nach einem Monat unter der Kontrolle der Engländer, und nach einem weiteren Monat ging das Gerücht um: »Die Russen kommen!«

Vater war auf dem Rückzug von der Ostfront mit seinem Zug usbekischer Freiwilliger in Österreich in amerikanische Gefangenschaft geraten und nach zwei Wochen entlassen worden. Er ging zu Fuß bis nach Wernigerode und überraschte uns mit seiner Heimkehr genau zwei Wochen, bevor die Russen einmarschierten. Sie hatten unser Gebiet eingetauscht gegen Teile von Berlin, die sie den drei anderen Besatzungsmächten überließen. Wie froh waren wir, gerade in jener Zeit als Familie wieder zusammen zu sein! Kurz darauf holte Vater seine älteste Schwester zu uns, die als Witwe mit sechs Kindern aus der Ukraine bis Thüringen geflohen war. Er wollte nicht, dass sie zusammen mit Tausenden von Schicksalsgenossen wieder nach Russland zurückgeschickt werden würde. In Wernigerode war im Spätherbst Typhus ausgebrochen. Es war sehr schwierig, für sie und ihre Kinder eine Zuzugsgenehmigung zu erhalten. Betend ging Mutter mit ihrer Schwägerin aufs Einwohnermeldeamt und erlebte das Wunder: unsere Verwandten durften bleiben! Nun wohnte unsere Tante mit drei ihrer

Kinder bei uns. Da die Lebensmittelrationen sehr niedrig waren, musste alles herhalten, was Garten und Wald an Gemüse, Obst, Beeren und Pilzen boten. Dazu kam das, was wir drei Schulkinder von unseren »Arbeitsstellen« beim Bauern und von der Obstplantage mit nach Hause brachten! Fünfzehn Personen wollten zeitweilig in unserem Haus satt werden, da wir auch noch eine Flüchtlingsfamilie aus dem Rheinland aufgenommen hatten. Unser Haus schien Gummiwände zu haben! Die Rheinländer durften aber noch im Spätherbst in ihre Heimat nach Neuss zurückkehren.

Weltweite Gebetswoche der Evangelischen Allianz

Im Januar 1946 reihte Deutschland sich nach vielen Jahren der Naziherrschaft wieder mit ein in die weltweite Gebetswoche der Allianz. Solch eine Gebetswoche hatten wir noch nie erlebt. Es war ein bitterkalter Winter! Der Fußweg von Hasserode bis ans hintere Ende von Wernigerode betrug 45 Minuten. Ein kleines blaues, heute völlig zerschlissenes Büchlein enthält alle Aufzeichnungen über die Abende jener Woche. Ich besinne mich noch auf das Glücksgefühl, das mich in jener Woche manchmal mitten im Schulunterricht überfiel: Heute Abend ist wieder Allianz-Gebetsversammlung!

Die Menschen, die aus den verschiedensten Kirchen und Gemeinschaften zu diesen Abenden zusammenkamen, müssen ähnlich empfunden haben: Wir waren wieder frei, uns zu versammeln. Keine Angst vor Fliegeralarmen! Aber es lag ein großer Ernst über den Abenden, den die Erwachsenen besser verstanden als wir Jugendlichen. Viele Männer waren aus dem Krieg nicht mehr zurückgekommen. Im Gebet bekannten wir das Versagen der Kirche in der Hitlerzeit und ihre Mitschuld an all dem Leid, das Deutschland über viele andere Länder gebracht hatte. Zusammen beteten wir um Vergebung und nahmen sie in Anspruch. Nur so wurde ein Neuanfang möglich. Das allabendliche Gebet verband, gab Kraft und Hoffnung. Wir waren nicht mehr ausgeschlossen, sondern wieder verbunden mit Christen in aller Welt.

Am letzten Abend dieser Woche kam ich nach Hause und wusste, dass ich Gott eine Antwort geben musste auf alles, was ich gehört hatte. Meine Familie war schon schlafen gegangen. Ganz allein kniete ich in der Küche an einem unserer alten weißen Küchenstühle, wie ich meine Tante aus der Ukraine beim Gebet hatte knien sehen, und sagte zu Gott: »Ich gehöre Dir. Ich gebe Dir mein ganzes Leben. Führe du mich, wohin Du willst!«

Fünf Tage später befanden wir uns auf der Flucht in den Westen!

Und plötzlich sind wir Flüchtlinge

Es war alles ganz unerwartet schnell gegangen. Ein Bekannter, der Zugang zu verlässlichen Informationen hatte, ließ uns Montag früh die Nachricht zukommen, dass alle aus Russland Gebürtigen von jetzt ab nachts abgeholt würden zum Rücktransport nach dort. Viele von ihnen waren auf die frühere Aufforderung hin, sich in Sammellagern zu melden, schwarz über die grüne Grenze in den Westen geflüchtet. Das sollte gestoppt werden! Nun war auch für uns die Zeit gekommen zu gehen.

In aller Stille packten wir zunächst die Sachen meiner Tante und ihrer Kinder, die Vater zuerst über die Grenze bringen wollte. Von Wernigerode aus war sie in drei Stunden Fußmarsch zu erreichen. Während sie sich auf den Weg machten, begann unsere Familie zu packen, soviel wie auf einem Handwagen und in unseren Rucksäcken verstaut werden konnte. Von unserem Eingemachten, das wir zurücklassen mussten, durften wir essen, soviel wir nur konnten!

Nach zwei Tagen kam Vater wohlbehalten zu uns zurück. Wir durften uns aus Sicherheitsgründen von niemandem verabschieden. Nur eine befreundete Familie baten wir, so lange es möglich sei in unserem Haus zu wohnen, um es für die Besitzer zu bewahren. Die Zeit unseres Mietvertrags war inzwischen abgelaufen. Leider wurde das Haus bald anderweitig besetzt.

Am Abend des 18. Januar 1946 verließen wir in der Dämmerung Haus und Garten, die dreizehn Jahre lang unser Paradies gewesen waren. Wir verbrachten die erste Nacht in einem Auffanglager des Roten Kreuzes in Ilsenburg diesseits der Zonengrenze. Am nächsten Morgen ganz früh schlossen wir uns einem Zug an, der zum Grenzübergang unterwegs war. Dort wurden Mutter im letzten Moment die eingehandelten Passierscheine der russischen Kommandantur in die Hand geschoben, die wir uns durch einige damals wertvolle Kleidungsstücke eingetauscht hatten. Wir reihten uns unserer Nummer entsprechend ein und konnten ohne Beanstandung die Grenze passieren.

Erst in der darauf folgenden Nacht, als wir uns im Flüchtlingslager in Goslar zur Ruhe begaben, kam die ganze Tragweite dessen, was wir erlebt hatten, über mich. Von allem, was uns gehört hatte, was wir gekannt und lieb gehabt hatten, trennte uns nun eine Zonengrenze. Wir waren in einem Chemiesaal untergebracht, der stufenweise anstieg. Ich lag oben in einem Doppelstockbett, ganz nahe unter der Zimmerdecke. Es war heiß und stickig im Raum. Mein

Gesicht in den Decken vergraben betete ich ununterbrochen nur den einen Satz: »Gott, offenbare dich mir.« Endlich schlief ich erschöpft ein.

Als wir am nächsten Morgen auf einem unserer Betten saßen um als Familie zu frühstücken, zog mein Bruder das schwarze Ziehkästchen mit Bibelsprüchen hervor, das er noch schnell eingesteckt hatte. Wir brauchten es sonst nur am Silvesterabend, wenn wir einen Spruch für das neue Jahr zogen. Aber da wir alle Trost nötig hatten, schlug Vater vor, dass jeder sich ein Wort ziehen sollte. Ich zog das Wort aus Matthäus 21,22: »Alles, was ihr bittet im Gebet, glaubet nur, so werdet ihr es empfangen.« Das war meine Antwort nach dem verzweifelten Nachtgebet. Gott hatte mich erhört, Er würde sich mir offenbaren! Damit begann Er schon am Sonntagnachmittag im Gottesdienst in der Freien Evangelischen Gemeinde in Goslar. Der Prediger sprach über das Wort: »Wen der Sohn frei macht, der ist recht frei.« Als Flüchtlinge ohne Besitz und Heimat frei in Jesus! Das sagte mir das Wort an jenem Sonntag. Seine Bedeutung hat sich mir im Laufe der Jahre tiefer und tiefer erschlossen.

»Im Feld geborgen«

Gott führte uns in das evangelische Dorf Feldbergen in der Nähe von Hildesheim. Die Eltern atmeten auf, als sie das Bild Luthers in der Stube des Bürgermeisters hängen sahen, bei dem wir uns meldeten. Er überwies uns an einen Bauernhof, wo die Familie drei Zimmer für Flüchtlinge frei gemacht hatte. Herr und Frau Harms nahmen uns freundlich auf. Das war nicht in allen Quartieren so! Die Familie unserer Tante wurde auf einem anderen Bauernhof einquartiert. Als wir am Sonntag darauf in die Dorfkirche zum Gottesdienst gingen, merkten meine Eltern sofort, dass ein gläubiger Pfarrer auf der Kanzel stand! Er war ein Flüchtling aus Schlesien, der nun die kleine Gemeinde versorgte, die keinen eigenen Pfarrer hatte. Wir waren sehr froh darüber.

Aber wie sollte es mit uns weitergehen? Wir hatten nur das Allernötigste mitnehmen können. Vater hatte keinen Verdienst. Es war strenger Winter, und wir Kinder konnten zunächst nicht in die Schule gehen. So eröffnete Vater mit uns einen Familienbetrieb. Da es wenig Spielzeug zu kaufen gab, fertigten wir Hampelmänner aus starker Pappe an, die wir mit Farben, aus Trockenpulver und Leim gemischt, bemalten. Bei dieser Serienfabrikation konnten alle mitmachen bis hin zu meiner jüngsten Schwester. Ein Freund der Familie verkaufte die Hampelmänner im Nachbarort in seinem Lebensmittelgeschäft. Der Absatz war gut, und wir waren beschäftigt! So kamen wir über die ersten Runden. Wenn er nicht mit uns arbeitete, saß Vater mit seiner Bibel im Schlafzimmer und stellte sich eine handgeschriebene Konkordanz zusammen, denn wir hatten ja alle unsere Bücher zurücklassen müssen. Außerdem machte er sich bald auf Reisen, um Missionsfreunde von Licht im Osten zu besuchen, an deren Adressen er sich erinnerte. Dadurch half er mit, den Missionsbund im Westen wieder aufzubauen.

Sehr froh waren Mutter, meine ältere Schwester und ich, dass wir im Kirchenchor unseres Nachbardorfes mitsingen konnten. Er wurde von einer befreundeten Organistin geleitet, die als Flüchtling aus Westpreußen in jenes Dorf gekommen war. Das Singen gab uns nicht nur inneren Auftrieb, sondern half uns, uns ganz schlicht dort einzubringen, wo wir hingeführt worden waren. Wir bekamen gute geistliche Kost in Feldbergen, sangen im Nachbardorf Hoheneggelsen im Kirchenchor mit, und mit der Zeit gründete unsere tatkräftige Mutter sogar eine Art Kulturverein in unserem Dorf. Dort wurden Volkslieder gesungen und kleine Theaterstücke aufgeführt mit dem Ziel, ein besseres Miteinander zwischen Einheimischen und Flüchtlingen zu schaffen.

Wie viel zu überwinden war an Heimweh und dem Gefühl, entwurzelt zu sein, an Sorgen, wie wir als sechsköpfige Familie durchkommen sollten, das behielten die Eltern mehr oder weniger für sich. Aber wir konnten uns aufeinander verlassen. «In Hasserode wohnten wir auf der *Hohen Warte*«, sagte Vater öfter, »nun sind wir *im Feld verborgen.*« Er konnte die Angst, eines Tages nach Russland zurückgeschickt zu werden, nie mehr ganz überwinden. Zu schrecklich müssen seine Erlebnisse als Dolmetscher in Russland gewesen sein, wo er in Kriegsgefangenen-Prozessen hatte übersetzen müssen. »Die Russen werden kommen und uns zurück nach Russland bringen!« Dieser Gedanke blieb eine lebenslange Anfechtung für ihn.

Mein jüngerer Bruder, meine jüngere Schwester und unsere beiden Cousins kamen bald in die einklassige Dorfschule in Feldbergen. Meine ältere Schwester und ich konnten in Hildesheim in eine Ober- und Mittelschule gehen. An den weiten Weg über die Felder bei allem Wind und Wetter bis zur nächsten Bahnstation mussten wir uns allerdings erst gewöhnen. Und auch an das stundenlange Warten auf Klassenzimmer in dem völlig zerbombten Hildesheim war nicht so einfach. Aber unsere Zeit in Feldbergen war eine gute Zeit. Wir konnten als Familie zusammen sein, lernten eine neue deutsche Landschaft kennen und einen neuen Menschenschlag. Wir behielten Freunde in jenem Dorf, als wir weiterzogen.

Neues Zuhause im »heiligen Korntal«

»Das Töchterle dürfet sie mir bringe, Herr Dyck«, hatte Schwester Karoline auf dem Rossbühl Nr. 2 zu Vater gesagt. Bisher hatte er sich vergeblich bemüht, eine Koststelle für einen von uns in Korntal zu finden, die erschwinglich gewesen wäre. Der Pensionspreis bei Schwester Karoline war 50 Deutsche Mark! Das konnten die Eltern sich leisten! Vater, der in einer anderen Familie ein Zimmer hatte, wohnte nicht zu weit vom Rossbühl entfernt. Er war mit einigen früheren Mitarbeitern dabei, den »Missionsbund zur Ausbreitung des Evangeliums«, wie er zunächst hieß, in Stuttgart-Mühlhausen zu registrieren. Sein Plan war, die Familie nach und nach in den Süden zu holen.

Am 18. Januar 1947, genau ein Jahr nach unserer Flucht aus Wernigerode, brach Vater mit mir von Feldbergen nach Korntal bei Stuttgart auf.

Das Einleben in der Pension von Schwester Karoline war gar nicht so einfach, obwohl Vater mich abends oft besuchte und wir die Wochenenden in der ersten Zeit gemeinsam irgendwo verbrachten. Ich war mit Abstand die Jüngste unter den Pensionärinnen und verstand kein Schwäbisch, sodass ich mich manchmal wie im Ausland fühlte. Wo musste ich hingehen, wenn ich etwas im Souterrain holen sollte? Und was war ein Lavabor? Wie konnte man sich mit einem Teppich zudecken? Aber mein himmlischer Vater hatte eine besondere Überraschung für mich bereit. Ich hatte mir vorgenommen, wenn ich einmal eine Nachttischlampe besäße, würde ich morgens vor dem Aufstehen und abends nach dem Zubettgehen regelmäßig in der Bibel lesen. Als ich in mein Zimmer in der Rossbühlstraße kam – mit fünfzehn Jahren zum ersten Mal ein eigenes Zimmer! –

stand eine kleine Lampe auf dem Nachttisch neben meinem Bett. So begann ich, regelmäßig die Bibel zu lesen, wie ich mir vorgenommen hatte.

In Korntal war ich in eine fromme Stadt gekommen, »das heilige Korntal«, wie man es nannte. Es war eine Gründung der Evangelischen Brüdergemeinde. Ich empfand auch das Töchterinstitut als eine behütete Schule. Fast alle meiner Mitschülerinnen waren Christen. Auch bei Schwester Karoline gab es kräftige geistliche Kost. Wir beteten nach dem Frühstück knieend zusammen und nach jedem Mittagessen las sie eine Andacht von C. F. Meyer vor. Am Dienstagabend ging ich mit in ihre Frauenstunde, wo ich der einzige Teenager war. Ich brauchte nicht mitzugehen, aber ihre originellen, lebendigen Bibelauslegungen zogen mich an.

Meine Religionslehrerin, Fräulein Hilde Lorch, die auch die Mädchenjungschar hielt, hatte mein Herz bald gewonnen, weil sie so gut erzählen konnte und Bücher geschrieben hatte. Sie gab uns lange Bibelverse zu lernen auf, die ganze Konzentration erforderten, aber nach dem Auswendiglernen im Herzen weiter wirkten und zum Nachsinnen anregten. Einen dieser Bibelverse kann ich bis heute mühelos aus dem Gedächtnis aufsagen: »Unsere Trübsal, die zeitlich und leicht ist, schafft eine ewige und über alle Maßen wichtige Herrlichkeit uns, die wir nicht sehen auf das Sichtbare, sondern auf das Unsichtbare. Denn was sichtbar ist, das ist zeitlich, was aber unsichtbar ist, das ist ewig.« Dass wir in der Schule beim Aufsagen aufstehen und die Hände falten mussten, war mir ungewohnt. Meine schwäbischen Mitschülerinnen, die mein Hochdeutsch bewunderten, bemerkten: »Es tut so schön, wenn du Bibelverse und Gedichte aufsagst.«

Pfarrer Walter Geiser, damals Pfarrer der Brüdergemeinde Korntal, wurde mein nächster Religionslehrer. Ich besuchte auch seine wöchentlichen Bibelauslegungen über das Buch Daniel, die er am Nachmittag und am Abend im Kleinen Gemeindesaal hielt. Ich ging am Nachmittag zu seinen Auslegungen, wieder die weitaus Jüngste unter seinen Zuhörern. Pfarrer Geiser spürte mein inneres Mitgehen und war schockiert als er erfuhr, dass ich noch nicht getauft sei. »Das muss unbedingt bald nachgeholt werden,« meinte er zu Schwester Karoline. Drei Jahre später wurde es auch »nachgeholt«, als ich zusammen mit meiner älteren Schwester in der Mennonitengemeinde in Stuttgart getauft wurde. Wir, die wir als Kinder so verschieden gewesen waren, hatten in unserer Teenzeit zueinander gefunden. Ich glaube bis heute, dass Gott es zugelassen hat, dass ich so lange warten musste mit der Taufe. So konnten wir Taufunterricht und Taufe zusammen erleben. Ich erhielt als Spruch nach der Taufe das Wort aus Jesaja 43,3: »Fürchte dich nicht, denn ich habe dich erlöst; ich habe dich bei deinem Namen gerufen, du bist mein.« Wie sehr hatte ich mir gerade dies Wort gewünscht. Eigentlich hatte ich vor, unseren Prediger um diesen Spruch zu bitten. Aber Mutter hatte gemeint: »Seinen Taufspruch wählt man sich nicht; er wird einem gegeben.« Nun war er mir zugesprochen worden!

In Korntal lernte ich endlich auch Radfahren. Das Rad gab mir »Flügel«, besonders in Stunden, in denen ich mit mir und der Welt ins Reine zu kommen versuchte. Erwachsenwerden war nicht leicht, weit weg von meiner Familie. Durch die Reifezeit zu kommen, war viel schwieriger als durch die Kinderjahre in Wernigerode, fand ich.

Bald trug das Rad mich an den Wochenenden auch nach Stuttgart-Mühlhausen, wo meine Familie inzwischen

»getrennt« zusammenwohnte. Eltern und Geschwister hatten in vier verschiedene Unterkünften ziehen müssen, da wir laut Amtsgericht wohl eine Zuzugsgenehmigung, aber kein Anrecht auf eine Wohnung hatten. Mutter als Mittelpunkt der Familie wohnte in einem früheren Abstellraum des Kindergartens zu ebener Erde, drei mal drei Meter groß. Eine Waschgelegenheit war im Keller, wo sie auch die Wäsche der Familie wusch; kochen durfte sie in der Küche der Gemeindeschwestern im ersten Stock. Vater hatte meinen Bruder mit in sein gemietetes Zimmer einige Straßen weiter genommen. Meine ältere Schwester schlief in einer Bodenkammer des Missionsbüros und unsere Jüngste war in die kinderreiche Familie des früheren Gemeindepfarrers aufgenommen worden, wo sie auch mit essen durfte. Die anderen trafen sich zu den Mahlzeiten bei Mutter um den ovalen Esstisch. Wenn ich am Samstag nach Hause kam, wurde dieser Tisch am Abend vor die Tür gestellt, um mein Liegebett aufklappen zu können, und morgens wieder hereingeholt. Aber wir waren alle wieder zusammen und sorgten füreinander, bis wir als Familie wieder zusammenziehen konnten.

Der Felsen zog mit

In 1. Korinther 10,4 steht der geheimnisvolle Satz: »Sie alle aßen die gleiche geistliche Nahrung und tranken den gleichen geistlichen Trank; sie tranken von dem geistlichen Felsen, der mit ihnen zog, und der Felsen war Christus.«

Dieser Satz enthält die Deutung für die Jahre unserer Wanderschaft. Von Feldbergen aus gingen meine Eltern mit meiner älteren Schwester und mir noch einmal schwarz über die grüne Grenze nach Wernigerode zurück, um einige unserer Sachen zu holen, die wir zurücklassen mussten.

Erst da nahmen wir Abschied von einigen Freunden, die wir nicht mehr hatten sehen können, als wir im Jahr zuvor so Hals über Kopf aufgebrochen waren. Beim Abschied von dem Prediger und seiner Frau, die nach Kriegsende eine lebendige Jugendgruppe ins Leben gerufen hatten, gaben sie mir das Wort aus Kolosser 2, 6.7 mit auf den Weg: »Wie ihr nun angenommen habt den Herrn Jesus Christus, so wandelt in ihm und seid gewurzelt und erbaut in ihm und fest im Glauben, wie ihr gelehrt seid, und seid in demselben reichlich dankbar.«

Es ist nicht natürlich für einen Baum, seine Wurzeln in einen Felsen zu senken. Er umklammert ihn höchstens mit seinen Wurzeln. In meinem Vers hieß es aber, im Felsen gewurzelt zu sein. Der Felsen war Jesus Christus. Und der Fels zog mit! So wie die Israeliten aus dem mitziehenden Felsen Nahrung und Trank sogen, so erlebte ich es in meinen Lehr- und Wanderjahren. Mein geistlicher Fels Jesus

Christus blieb nicht in Wernigerode zurück, sondern zog mit nach Feldbergen, nach Korntal, Stuttgart-Mühlhausen, und später auch nach Amerika, in die Schweiz und nach Indonesien und Hongkong, wo immer ich hinzog. Er war der gleiche, den ich an jenem Gründonnerstag Abend als Sechsjährige erfasst hatte, für mich am Kreuz von Golgatha gestorben, damit ich das Wasser des Lebens – aus ihm, umsonst – trinken konnte. Er offenbarte sich mir immer aufs Neue, wie mir das Wort aus dem Ziehkästchen im Flüchtlingslager in Goslar zugesagt hatte. Er gab mir Halt, weil er sich in allen wandelnden Umständen meines Lebens nicht änderte. Aus ihm sog ich Nahrung, zuerst für mich, und dann, um sie ein Leben lang an die nächste Generation weiterzugeben.

Meinen ersten Versuch, ein biblisches Buch selbständig zu erfassen, machte ich in den Sommerferien 1947. Meine Familie lebte in Mühlhausen verstreut. Es gab keine Pläne für die Sommerferien. Da machte ich meinen eigenen Plan. Von irgendwoher war mir eine Anleitung zum Eigenstudium der beiden Samuelbücher in die Hände gekommen. Jeden Morgen, bevor ich mit anderen aus dem Haus zum Ährenlesen in die Getreideäcker um Münchingen aufbrach, ging ich in »meine« Bibelschule. Ich arbeitete mich Kapitel für Kapitel durch die fesselnden Lebensgeschichten Samuels, Sauls und Davids bis hin zum Kauf des Tempelberges auf dem Berg Morija.

Am Wochenende fuhr ich auf meinem Rad nach Mühlhausen. Es war schwer beladen mit einem kleinen Sack Mehl, das ich für meine Ähren eingetauscht hatte, und manchmal kam ein Sack mit Kartoffeln oder ein großer Beutel mit Äpfeln dazu, die ich für meine Familie geschenkt bekommen hatte. Ich war stolz, Mitversorgerin in einem lebensmittelknappen Jahr zu sein, in das auch die Geldentwertung fiel.

Rückblickend sehe ich neu: Wenn der Glaube eines Kindes auf den Gott der Bibel gegründet ist und es nicht nur christliche Sittenlehre und Verhaltensmuster vorgesetzt bekommt, wenn man ein Kind an die Quelle führt, dann braucht es keinen Bruch zu geben zwischen seinem Kinderglauben und dem Glauben seiner Reifezeit. Jesus Christus als der Fels geht mit aus den Kinderjahren in die Jugend- und Erwachsenenjahre. Er hält allen Fragen stand, versorgt und ernährt, indem er zunächst Milch und dann feste Speise bereithält. Er schützt und gibt den Halt, den wir auf jeder Entwicklungsstufe brauchen.

IV. Kinder oder Bücher?

(1949–56)

Schulmüde

Sommer 1949. Wieder einmal stand ich an einem Kreuzweg. Wie sollte es weitergehen? Ich war fest entschlossen, nach der Mittleren Reifeprüfung die Schule zu verlassen, gegen den Rat meiner Mutter. Sie meinte, dass ich studieren sollte. »Es wird dir später einmal leid tun«, sagte sie.

Inzwischen war ich 18 Jahre alt und schulmüde. Ein Jahr hatte ich bei der Einschulung durch Krankheit verloren, ein weiteres, als wir von der russischen in die englische und dann in die französische Besatzungszone umgezogen waren. In der russischen Zone wurde mit Russisch als erster obligatorischer Fremdsprache begonnen, in der Englischen Zone mit Englisch und in der französischen Zone mit Französisch. Ich scheiterte in Korntal an Französisch und kam deshalb statt in die fünfte in die vierte Klasse des »Töchter-Instituts«. Diese Schule schloss mit dem fünften Jahr ab. Deshalb wurden wir für das sechste Oberschuljahr in die Jungenschule versetzt. Da saßen wir zwölf Mädchen im Mittelgang, rechts und links von 24 *werdenden* Herren flankiert, die in Physik und Chemie viel weiter waren als wir. Ich schlug mich auch erfolglos mit meinem Erzfeind Mathematik herum, obwohl ich in Deutsch und Englisch an der Spitze lag. Am Ende dieses Schuljahres hatte ich genug von der Schule und war sicher, mein Leben auch ohne Abitur erfolgreich gestalten zu können.

Ich wäre gerne Buchhändlerin geworden, wusste aber nicht, ob dieser Beruf meine Augen nicht überlasten würde. So »schnupperte« ich zunächst zwei Jahre und machte dabei wertvolle Erfahrungen auf zwei Arbeitsgebieten: Gästebetrieb und Kinderbetreuung.

Berchtesgaden

Im Sommer 1949 verbrachte ich einige Monate in einem Müttergenesungsheim der Bayerischen Landeskirche in Berchtesgaden, wo meine ältere Schwester ihr Praktikum als Hauswirtschaftsleiterin absolvierte. Vormittags half ich überall da mit, wo ich gebraucht wurde. Am Nachmittag brauchte ich nicht zu arbeiten. Das verschaffte mir freie Kost und Aufenthalt in einer herrlichen Hochgebirgslandschaft. Außerdem wurde meine Beziehung zu meiner Schwester enger und herzlicher. An ihrem 20. Geburtstag packten wir ihre Päckchen hinter einer Hecke liegend aus; niemand sollte wissen, dass sie Geburtstag hatte. Weil es ihr freier Tag war, machten wir eine Tagestour in die Berge mit einem jungen Förster, der Gast im Haus war und uns unterwegs auf viel Wissenswertes in der Natur aufmerksam machte. Wir schwärmten beide für ihn, ohne aufeinander eifersüchtig zu sein und besprachen recht sachlich, wen von uns beiden er wohl lieber hätte.

An einem Sonntag, als alle anderen Hausmädchen frei hatten, mussten wir ein Mittagessen für 30 Leute auf den Tisch stellen. Meine Hochachtung vor meiner Schwester stieg und ich war froh, nur Hilfsarbeiterin neben der Chefköchin sein zu müssen. Mir war klar, dass ich diesen Berufszweig nie wählen würde.

Niendorf an der Ostsee

Den Winter über besuchte ich eine Nähschule, in der ich ebenfalls weit hinter den Erfolgen meiner älteren Schwester zurückblieb, die sie vor mir bei der gleichen Lehrerin besucht hatte. Dann nahm ich eine mir angebotene Gelegenheit wahr, ein halbes Jahr in dem Kinderheim *Nazareth* in Niendorf an der Ostsee mitzuarbeiten um herauszufinden, ob ich mich vielleicht zur Kindergärtnerin eignen würde.

In dem Haus, das Diakonissen leiteten, wurden »Dauerkinder« und »Ferienkinder« betreut. Die Dauerkinder, Waisen oder Sozialwaisen, kamen aus Berlin, wo sich das Mutterhaus der Salemschwestern befand. Die Ferienkinder kamen abwechselnd aus Frankfurt und Essen. Ich wurde einer Gruppe zugeteilt, zu der die Ferienkinder und die vier- bis sechsjährigen Dauerkinder gehörten. Die älteren Berliner Kinder, die ja zur Schule gehen mussten, hatten einen anderen Tagesrhythmus.

Gerade hatte ich begonnen, mich in meiner Gruppe einzuleben, als ich gebeten wurde, eine Lücke in der Berliner Jungengruppe auszufüllen. Den Begriff »Berliner Pflanze« hatte ich schon manchmal gehört; aber jetzt hatte ich solche »Pflanzen« vor mir und hielt es ganze zwei Tage bei ihnen aus. Ungetrübt von jeder Fachkenntnis stand ich Zehn- bis Zwölfjährigen gegenüber, die mit solcher Kraft spielten und übereinander herfielen und dazu so frech waren, dass es mir im wahrsten Sinn des Wortes die Sprache verschlug. Und als ich sie wieder gefunden hatte, hörten sie nicht auf mich. Ich war ihnen überall im Weg! Am Ende des zweiten Tages war ich krank und musste einige Tage das Bett hüten, auch wegen einer Halsentzündung, weil ich den rauen Seewind noch nicht gewöhnt war! In diesen ruhigen Tagen fand ich Zeit, Römer 8 vom ersten bis zum letzten Vers auswendig zu lernen. Daneben hatte ich Zeit, über mein Versagen bei den »Berliner Pflanzen« nachzudenken. War Arbeit unter Kindern auch keine Berufsmöglichkeit für mich? Nach einigen Tagen besuchte mich Oberschwester Hedwig. Sie erkannte nach kurzer Zeit wo der Haken lag. Ich durfte zurück in meine erste Gruppe, wo ich mit Freuden begrüßt wurde.

Nach meinem Schock bei den Berliner Jungen war ich entschlossen, in dieser Gruppe der Kleinen brauchbar zu werden. Ich lernte mit der Zeit Kinder zu beobachten und Kontakte zu ihnen zu knüpfen. Nicht immer gelang es. Was war zum Beispiel mit Birgit los? Die Fünfjährige konnte blondlockig und bockig in ihrem Bett sitzen und mit den Zähnen ihre Wolldecke zerbeißen oder mit seltsamem Lächeln Löcher in ihren Bettbezug schneiden. Was lag hinter diesem seltsamen Betragen? Ich bekam keinerlei Kontakt zu ihr. Eine der Diakonissen kümmerte sich speziell um sie.

Dafür fielen mir drei kleine, liebeshungrige Berliner Jungen zu, derer ich mich ein halbes Jahr lang besonders annahm. Es waren Detlef, Bertold und Müggelsee. Müggelsee war der Kleinste unter ihnen, ein dreijähriger Blondschopf mit großen blauen Augen und geistig leicht behindert. Er konnte ohne Ursache herzzerbrechend zu weinen beginnen. Als er die Ostsee zum ersten Mal sah, rief er aus: »Was für ein großer Müggelsee!« So kam er zu seinem Spitznamen. Bertold, zwei Jahre älter, hatte dünne braune Haare, ein kleiner magerer Junge, scheu und in sich gekehrt. Er weinte leicht und sah die Welt meistens von der dunklen

Seite an. Detlef, ebenfalls fünfjährig, war kräftiger gebaut und schielte etwas. In seiner stillen schüchternen Art war er eines der warmherzigsten Kinder, die mir je begegnet sind. Er legte manchmal am Strand seinen Kopf in meinen Schoß und erzählte mir voller Sehnsucht, dass seine Mutter eines Tages kommen und ihn zu sich holen würde.

Meine Kollegin fand die Ferienkinder interessanter. Sie waren älter und wechselten auch alle sechs Wochen, während die drei kleinen Jungen immer da waren. Ich empfand umgekehrt: Die Ferienkinder hatten alle ein Zuhause, in das sie zurückkehren würden, Detlef, Bertold und Müggelsee nicht. Die Ferienkinder bekamen Post und Pakete, Detlef, Bertold und Müggelsee nie! Deshalb packte ich meine Päckchen, die ich von zu Hause bekam, mit ihnen zusammen am Strand aus als wären es ihre. Das war ein Glück! Und dann teilten wir alles.

Ich setze diesen drei kleinen Berliner Jungen ein Denkmal in meinen Erinnerungen, weil sie es waren, die mir Mut machten, weiter zu gehen in Richtung Kinderarbeit. Bei ihnen war ich kein Versager. Ihnen durfte ich geben und erntete warmes Zutrauen. Manchmal saß ich an Müggelsees Bett, wenn er Fieber hatte und zeigte ihm Bilder, die ihn aufheiterten. Er lebte nur eine kurze Zeit in dieser Welt. Als ich mich an meinem letzten Tag in Haus Nazareth verabschiedete, ging Müggelsee an den Papierkorb und zog eine weggeworfene Karte daraus hervor. Er strahlte mich an: »Die sollst du deiner Mutti geben.« Was bewog ihn wohl dazu? Mutter hat sich sehr darüber gefreut!

Hirschegg im Kleinen Walsertal

Es sieht fast so aus, als hätte ich mir meine »Lehrstellen« nach landschaftlichen Motiven ausgesucht! Nach dem halben Jahr an der Ostsee verbrachte ich die Wintermonate in dem kleinen Ort im Allgäu, wo meine Augenkrankheit ausgebrochen war. Eine unserer Bekannten hatte dort eine kleine Pension in einem Berghaus. Dort half ich einem befreundeten Ehepaar, diesmal als Stubenmädchen. Ich war für die tägliche Reinigung von Gäste-Schlafzimmern verantwortlich. Danach half ich beim Tischdecken und beim Anrichten des Essens.

Um unser Berghaus herum breitete sich eine bezaubernde Winterlandschaft aus, aber ich war oft zu müde, um sie so richtig zu genießen. Ich lief gern Ski, aber wenn die Mittagspause kam, war ich froh, flach liegen und ausruhen zu können. Wir mussten uns mächtig anstrengen, um zu dritt über die Runden zu kommen. Und wieder dachte ich: »Nein, dies wird nicht mein Beruf!« Doch brachten mir diese Wintermonate auch manche wichtige Lebenserfahrung. Ich denke an den Vollmondabend zurück, an dem unsere Gäste um Mitternacht, schwarze Silhouetten in der weißen Schneelandschaft, den Abhang zu unserem Haus hinaufschwankten, betrunken! Wir schlossen uns in unsere Zimmer ein und servierten ihnen am nächsten Morgen sauren Hering! Ein anderes Mal ließ ein Gast, ehe er bezahlt hatte, seine Koffer zum Fenster hinaus und verließ das Haus, als wolle er spazieren gehen.

Natürlich hatten wir auch andere nette Gäste, langjährige Stammkunden der Pension.

Aus den Wintermonaten in Hirschegg nahm ich ein Bibelwort mit. Es hing eingerahmt im Zimmer des Ehepaares, mit dem ich zusammenarbeitete, ihr Trauspruch: »Alles ist euer – ihr aber seid Christi – Christus aber ist Gottes.« Immer wieder musste ich über diesen Spruch nachdenken. Es war das Wort »Freiheit«, das mich nicht mehr losließ. »Alles ist euer!« Mein Leben gehörte Jesus Christus. Die Freiheit musste also in ihm, nicht außerhalb sein.

In dieser Arbeitsstelle bekam ich zum ersten Mal einen kleinen, aber wohlverdienten Lohn, DM 50,– im Monat. Im ersten Monat kaufte ich mir eine lederne Aktentasche, im zweiten ein Paar Berghalbschuhe, von denen meine Familie, als ich nach Hause kam, einstimmig feststellte: »Unmöglich!«

Fröbelseminar Stuttgart

Kurz vor meinem zwanzigsten Geburtstag war meine Arbeit in Hirschegg beendet. Nun war es Zeit, ernsthaft an eine Ausbildung zu denken. Kinder oder Bücher? Die Waagschale war auf die Seite »Kinder« gesunken. Eine Ausbildung als Kindergärtnerin erforderte kein Abitur, nur mittlere Reife und ein Praktikum, das ich ja in Niendorf absolviert hatte. Ich war reichlich spät mit meiner Anmeldung in einem Kindergärtnerinnenseminar. Aber im Fröbelseminar des Schwäbischen Frauenvereins war noch ein Platz frei; der Unterricht lief allerdings schon seit zwei Wochen. So war ich wieder einmal die Nachzüglerin, die in eine bereits geformte Klassengemeinschaft kam. Ich fand aber bald meinen Platz darin.

Meine zweijährige Ausbildung im Fröbelseminar genoss ich vom ersten bis zum letzten Tag. Jetzt war ich froh, wieder lernen zu können. Obwohl es ein staatliches Seminar war, hatte das Fach Religion seinen festen Platz im Stundenplan.

Hohe Achtung vor dem Wert eines jeden Kindes prägte die Unterrichtsfächer, entsprechend dem Kernwort Pestalozzis: »Kinder sind Gaben von Gott. So, wie sie sind, muss man sie haben und lieben«, und dem Motto Fröbels: »Kommt, lasst uns unseren Kindern leben.« Pädagogik, Psychologie und Kindererziehung waren Hauptfächer. Ich genoss auch die Stunden in Literatur. Unsere junge Musik- und Rhythmiklehrerin übte mit uns Shakespeares Sommernachtstraum ein. Das Basteln und Werken ließ viel Raum für Kreativität. Es herrschte überhaupt ein froher, offener Ton, obwohl wir uns erst daran gewöhnen mussten, dass unsere Lehrerinnen im Haus bis hin zur Seminarleiterin mit »Tante« – aber dann wenigstens mit »Sie« – angeredet wurden.

Die Praxistage waren sehr wichtig, weil wir da Einblick in den Alltag eines Kindergartens bekamen. Die Aufgabe, zwei Kinder über Monate hinweg zu beobachten, zwang mich, genau zu sein und zu fragen: »Warum?« Auch als später das selbständige Gestalten eines Nachmittags hinzukam, ging meistens alles gut, solange die leitende Kindergärtnerin im Raum war. Zog sie sich jedoch ins Nebenzimmer zurück, konnten die Kinder sich in einen kaum mehr zu bändigenden Haufen verwandeln. Sie machten was sie wollten, aber nicht was ich mit ihnen vorhatte. An einem Nachmittag, ich verzweifelte fast, kam die Leiterin plötzlich mit ernstem Gesicht aus dem Nebenzimmer, klatschte nur einmal in die Hände und die Kinder verwandelten sich sofort in unschuldige Lämmer. An jenem Nachmittag erklärte sie mir, dass diese etwas verwöhnten Kinder aus einer guten Wohngegend jede Praktikantin »ausprobierten«, wie weit sie gehen könnten. Dann erwähnte sie das Positive, das sie an meinen Stunden beobachtet hatte und machte mir Mut, nicht aufzugeben. Und doch: Ein ganzes Leben lang im Kindergarten arbeiten? Sollte ich nicht doch lieber Bücher wählen?

In diesem liebenswerten Seminar erlebte ich auch meine erste und einzige Klassenrevolte, bei der eine ganze Klasse einmütig gegen eine Lehrerin aufstand. Tante Hedwig, unsere Pädagogik-Lehrerin, hatte ein Stück zur Feier des 100-jährigen Todestages von Friedrich Fröbel geschrieben, der im Juni des Jahres 1952 in der Frankfurter Paulskirche begangen werden sollte. Im zweiten Teil auf einem Anger standen Darbietungen verschiedener Seminare aus ganz Westdeutschland. Als Vertreterinnen des Schwäbischen Frauenvereins sollten wir nach Tante Hedwigs Plan etwas »echt Schwäbisches« vortragen, wo ein Schwarzwälder Uhrenmännle und anderes mehr auftreten sollte. Sie hatte den Text selbst gedichtet. Wir waren eine ziemlich »intelligente« Klasse und sagten nein, das sei uns zu kindisch. Damit beleidigten wir unsere Lehrerin zutiefst. Tante Mechthild als Schulleiterin sprach ein Machtwort: »Wenn die Klasse sich weigert, sagen wir unsere Teilnahme in Frankfurt ab.« Da gaben wir nach und übten das Stück ein. Es erhielt in Frankfurt einen Bombenapplaus, besonders als wir schmetterten:

»Der Schiller und der Hegel, der Herder und der Hauff,
das ist bei uns die Regel, das fällt uns gar nicht auf.«

Heilbronn – die Berufung

Am Anfang der Sommerferien erhielt ich einen dicken, an mich adressierten Umschlag aus der Schweiz, aus Basel, dem Sitz des »Mennonite Central Committees«. Diese amerikanische Hilfsorganisation hatte bald nach dem Krieg ihre Arbeit in Europa begonnen. Sie wollte nicht nur beim materiellen Wiederaufbau Deutschlands mitarbeiten, sondern auch geistliche Aufbauarbeit leisten. Aus dem Umschlag kamen Bogen mit Zeichnungen und Bildern und aus dem

Amerikanischen übersetzte Texte. In dem Begleitbrief stand, dass gegen Ende der Sommerferien eine zehntägige Kinderbibelfreizeit in Heilbronn unter Leitung des MCC abgehalten werden würde. Ob ich bereit sei mitzuarbeiten.

Mir war das MCC von seinen Kleiderspenden und Weihnachtspaketen bekannt, auf denen kleine rote Aufkleber angebracht waren: »In the name of Christ«. Ich wusste aber nicht, dass diese mennonitische Organisation sich auch mit Kinderarbeit in Deutschland befasste. Sollten das nicht lieber die Deutschen selbst tun? Ich versuchte die Manuskripte zu verstehen, die sprachlich recht holperten. Die Bilder sahen so amerikanisch aus! Ich kannte niemanden in Basel. Wer hatte ihnen bloß meine Adresse gegeben? Außerdem hatte ich das ganze Jahr mit Kindern zu tun gehabt und wollte in den Ferien einmal ganz abschalten! So sagte ich ab. Aber bald darauf kam die Anfrage ein zweites Mal, dringlicher ... So sagte ich denn zu, nachdem ich mich versichert hatte, dass ich vorher noch in die Familienferien mitfahren konnte.

Auf dem Heilbronner Hauptbahnhof hielt das MCC-Auto, das mich abholen wollte. 1952 war das etwas ganz Besonderes! Wir fuhren durch die Straßen der von Luftangriffen besonders schwer getroffenen Stadt, die noch nicht ganz wieder aufgebaut war, zu unserem Tagungsort: Eine Schwedenbaracke – aus Holz erstellt. Sie war eine Spende an die Heilbronner Mennonitengemeinde, die ihre Räume während eines Bombenangriffs verloren hatte.

Bald saß ich mit einer mir ganz unbekannten Mannschaft um den Mittagstisch: Heilbronner, Amerikanerinnen und ich als einzige Norddeutsche unter ihnen. Kaum hatte ich sie richtig kennen gelernt, da war ich schon mitten drin in einem Wirbel von Vorbereitungen, denn die Kinderfreizeit sollte am nächsten Morgen beginnen. Ich erfuhr, dass die Kinder in drei Gruppen ihrem Alter entsprechend aufgeteilt werden würden: Kindergartenkinder, Sieben- bis Neunjährige und die Zehn- bis Zwölfjährigen. Ich würde die zweite Gruppe unterrichten.

Im Lauf des Nachmittags stieg meine Spannung und Erwartung. Das würde kein gewöhnlicher Kindergottesdienst sein, wie ich ihn auch schon gehalten hatte. Das Programm würde jeden Morgen zweieinhalb Stunden dauern, über zwei Wochen hinweg, mit einem freien Sonntag dazwischen. Als Abschluss war ein Elternabend geplant. Als das Programm für den nächsten Tag vorbereitet war, gingen wir durch alle drei Unterrichtsräume. Jeder Raum sagte auf seine Weise »Willkommen!« zu der Altersstufe, die darin unterrichtet werden würde: die Tafeln, Bilder und Gegenstände, die das Thema andeuteten, um das es am nächsten Vormittag gehen würde. Gerne wäre ich selbst wieder ein Kind gewesen!

Am nächsten Morgen kamen die Kinder gerannt, als könnten sie es gar nicht erwarten, dass ihre Freizeit begänne. Sie kamen auch zu früh, was immer ein gutes Zeichen ist. Die meisten waren Kinder aus der Nachbarschaft, denn es war durch die Tageszeitung zu dieser Kinderwoche eingeladen worden. Ein kleines Mädchen in ärmlichen Kleidern kam aus einem Obdachlosenheim in der Nähe. Ein neunjähriger Junge aus einer gut situierten Familie hatte bei seinen Eltern gebettelt, ihn doch zu dieser Freizeit anzumelden. Sie hatten aber nicht vor, ihn an jedem Morgen fertig zu machen, da sie selbst Ferien hatten. So ging er selber in die Schwedenbaracke und meldete sich an. Jeden Morgen machte er sich allein fertig und erschien pünktlich. Ein Achtjähriger aus meiner Gruppe kam mit dem Bähnle aus einem Vorort. Wie hatte er wohl von dieser Kinderwoche erfahren? Als wir an einem Nachmittag einen Besuch bei Kranken machten, brachte er sein Mittagsbrot mit und aß es in der Nähe des Bahndamms, wie wir später erfuhren. Um 2 Uhr nachmittags stand er wieder vor der Tür. Die Kinder nahmen ihr Programm sehr ernst.

Tag für Tag erzählten wir den Kindern Geschichten aus der Bibel, lernten Bibelverse mit verschiedenen Methoden. Dazu hatte jedes Kind sein Arbeitsbuch, in dem es die Geschichten nachlesen konnte, in dem Bilder waren zum Anmalen und auch die Lieder, die wir miteinander sangen. Durch Geschichten aus dem Alltag bauten wir die Brücke vom Wort Gottes in ihr tägliches Leben. Für viele Kinder war dies alles neu und sie lernten, dass es eine Freude war. Nach der Pause am Sonntag kamen sie am siebenten Tag immer noch gerannt…Sie hatten in der Schwedenbaracke ein Zuhause gefunden. Hier war es einerlei woher sie kamen, was sie hatten oder nicht hatten, was sie wussten oder nicht wussten. Jeder war willkommen und »aß und trank von dem geistlichen Felsen, der Christus hieß«.

Die große Entdeckung für mich während der zwei Wochen in der Schwedenbaracke war, dass das Wort Gottes und unser Alltag untrennbar zusammen gehören und dass man es auch so lehren konnte. Das ungeschriebene Gesetz in unserem Land, dass man über geistliche Dinge nicht spricht, es sei denn in der Kirche, galt hier nicht. Man konnte mit den Kindern ganz einfach darüber sprechen, und sie nahmen es an als ob es selbstverständlich sei, weil es uns selbstverständlich war. Am Ende dieser Kinderfreizeit wusste ich: Das will ich tun, mein ganzes Leben lang: Material für Kinderbibelfreizeiten entwickeln und Kinder unterrichten. Ich wollte junge Menschen ausbilden, Kindern – und besonders kirchenfremden Kindern – das Wort Gottes so zu sagen, dass sie voller Erwartung gelaufen kämen!

Bad Dürkheim

Nicht nur ich hatte den Zweig des europäischen MCC entdeckt, der sich der Kinderarbeit zuwandte: Ich war auch entdeckt worden!

»Was hast du vor nach deiner Ausbildung als Kindergärtnerin?« fragten sie mich. Ich hatte noch keine Pläne. Die Schau, die ich in Heilbronn bekommen hatte, war noch zu neu. Ich wusste noch nicht, wie darauf zuzusteuern. Da boten sie mir eine Stelle im Kinderheim des MCC in Bad Dürkheim an der Weinstraße an, wo ähnlich wie in Niendorf Kinder aus sieben pfälzischen Großstädten zu dreimonatigen Kuren eingeladen wurden. So stellte ich mich im Mai 1953 in Bad Dürkheim vor. Ich sprach mit einer hoch gewachsenen kanadischen Dame, deren Sicherheit und Gewandtheit mir sehr imponierten. Einige Wochen später fanden wir heraus, dass wir Cousinen zweiten Grades waren. Unsere Mütter hatten in der Ukraine im Garten unseres gemeinsamen Großvaters im Sand gespielt!

Zum ersten Mal war ich nun voll verantwortlich für eine Gruppe von zwölf kleinen Buben im Alter von vier bis sechs Jahren. 24 Stunden war ich in ihrer Nähe, da mein Schlafzimmer neben dem Kindersaal lag. Ich kam mir manchmal vor wie Schneewittchen unter den Zwergen, wenn ich am Abend vor dem Schlafengehen noch einmal im langen Morgenrock ins Nebenzimmer schlüpfte, wo meine Zwerge in zwölf ordentlich aneinander gereihten weißen Betten unter ihren bunten amerikanischen «Flickendecken« schliefen. Es waren Kinder, die von körperlicher Entbehrung, von geistiger und geistlicher Armut gezeichnet waren. Es war, als hätte ich jetzt zwölf Detlefs, Bertolds und Müggelsees, deren Gesichter alle drei Monate wechselten.

Fünf solcher Gruppen von kleinen Jungen gingen in Bad Dürkheim durch meine Hände. Es lag an mir, ihrer Gruppenmutter, ihnen drei schöne Ferienmonate zu gestalten. Meine rasche Art stieß mit der Langsamkeit von zwölf kleinen Jungen zusammen, die morgens zu einer bestimmten Zeit angezogen, gewaschen und gekämmt um den Frühstückstisch sitzen mussten. In einer meiner Gruppen war Gerhard der Jüngste und auch der Kleinste. Er folgte jeden Morgen einem bestimmten Ritual, von dem ihn nichts abbringen konnte: Er zog seine ihm zugeteilten Stiefel nicht an, ohne sie vorher an den Stiefeln der anderen Kinder seiner Gruppe gemessen zu haben. Er wollte herausfinden, ob seine immer noch die kleinsten wären! Damit brachte er mich fast zur Verzweiflung. Erst als der Zweitkleinste, Karl-Heinz, wegen einer Infektionserkrankung nach Hause gebracht werden musste und Gerhard dessen Stiefel erbte, hörte das Messen auf. Nun waren seine Stiefel nicht mehr die kleinsten!

Unsere schönsten Stunden verbrachten wir im nahe gelegenen Laubwald, wo die Kinder frei spielen und ihre Phantasie entwickeln konnten, so wie wir es als Kinder genossen hatten. In der gesunden Luft erholten sie sich von der Enge und Armut ihrer zerbombten Großstädte. Die ärztliche Kontrolle kam hinzu und die gesunde Kost im Heim, obwohl die Kinder sich immer erst an ihre Becher mit angerührter Trockenmilch gewöhnen mussten. Jede Gruppe erlebte in ihren drei Kurmonaten auch eine zehntägige Kinderbibelfreizeit, wie wir sie in Heilbronn abgehalten hatten.

Abends beteten wir zusammen vor dem Einschlafen. Ich ging dabei von Bett zu Bett. Die Gebete der kleinen Jungen kamen ganz spontan, wie es ihnen ums Herz war. Der kleine Gerhard wurde am Ende seines zweiten Aufenthalts bei uns von einem amerikanischen Ehepaar adoptiert. Sein Gebet endete jeden Abend: »Lieber Gott, behüte meine alte Mutter und meine neue Mutter in Amerika.« Ich erzählte ihm, dass seine Mutter in Amerika ihm schon eine schöne Decke gemacht habe, wie er sie bei uns hatte. Seine Antwort auf Pfälzisch: »Schreib ihr, sie soll mir auch ein Koppekissen machen.« Nur der kleine Jan konnte nicht beten. Die anderen guckten aus ihren Betten zu, wie ich seine dicken Patschhändchen zusammenlegte und ihm vorsprach. Er sah mich schweigend aus seinen großen braunen Augen an. Es machte den anderen viel aus, dass »Jantche« nicht beten konnte! Aber dann, eines Abends, kamen die ersten zögernden Worte eines Gebets über seine Lippen, begleitet von dem Jubel der anderen Kinder: »Das Jantche kann beten!« Beten war ihnen wichtig geworden.

Goshen College – Bethel College

Meine Mitarbeit im Mennonite Central Committee hatte mir den Weg zu einem Studium in den USA gebahnt. Obwohl ich kein Abitur hatte, verhalf mir mein Staatsexamen als Kindergärtnerin zu einer Studienberechtigung im Goshen College, Indiana. Ich erhielt die Erlaubnis, dort als »special student« zu studieren, ohne einen Abschluss anzustreben, mit den Hauptfächern »Bible and Christian Education« (Bibel und christliche Erziehung). Das gab mir den Vorzug, meine Fächer frei wählen zu können ohne die Kurse zu belegen, die für einen College-Abschluss vorgeschrieben waren (unter ihnen mein Erzfeind Mathematik).

USA – mein erster Auslandsaufenthalt! Obwohl ich mit einem »sehr gut« in Englisch die Oberschule verlassen hatte, war es am Anfang recht mühsam, diese Sprache als einziges Kommunikationsmittel gebrauchen zu müssen. Auf manche anderen kulturellen Andersartigkeiten hatte mich das Zusammenleben mit Amerikanerinnen in Deutschland gut vorbereitet.

Im Herbst 1954 begann ich mein Studium in Goshen. Alle Professoren waren überzeugte Christen, ebenso meine Mitstudenten. Ich hatte noch nie so viele überzeugte Christen an einem Ort gesehen, die frei über ihren Glauben sprachen. Dabei befand ich mich nicht an einer Bibelschule, sondern an einem »Liberal Arts College«. Alle Fächer wurden vom christlichen Glauben her beleuchtet. Das war mir ganz neu. Als ich meine Kurse belegte, vergriff ich mich in einem Fach, das ich wohl nicht richtig verstanden hatte. Ich hatte »Voice« belegt und musste mich nun einmal in der Woche im Musikzimmer eines Professors melden, der mich das richtige Atmen beim Singen lehrte und zu dessen Klavierspiel ich Solo singen musste. Aber belegt war belegt. Meine englische Aussprache gewann sehr dabei und meine Stimme kräftigte sich auch!

In Goshen College ging strahlend ein Stern über meinem Leben auf, der »Christian Education« hieß. Ich war an der Quelle. Ich belegte Fächer bei der Professorin, die einige der Kinderbibelkurse geschrieben hatte, die wir in Heilbronn und später in Bad Dürkheim unterrichtet hatten, Dr. Mary Royer. Das, was ich in der Praxis dort gesehen hatte, durfte ich nun von Grund auf studieren. Ich wollte alles, was mir hier so praktisch und auf die Bibel begründet vorgetragen wurde, mit nach Deutschland nehmen: Diesen Weg, Kinder in ihrer ganzen Existenz mit dem Wort Gottes zu erreichen, dass es ihr Leben durchdringen und nähren würde. Ich wollte nicht nur übersetzen, sondern neu gestalten, Material in meiner Kultur schaffen, nach biblischen, christlich geprägten pädagogischen Prinzipien, die ich in »Christian Education« ausgedrückt fand.

Im Bethel College, Kansas, wo ich mein zweites Studienjahr verbrachte, lernte ich mich als Deutsche in der amerikanischen Kultur freier zu bewegen. Ich legte etwas von der Befangenheit ab, die mich angesichts so viel vollendeten Selbstvertrauens vieler Amerikaner so leicht befiel. In Goshen hatte ich als Nebenfach Tennis spielen gelernt, in Bethel College lernte ich Schreibmaschine schreiben. Das überraschendste Studienfach war diesmal nicht »Voice« wie in Goshen, sondern »Speech« (Reden halten)! Ich lernte Gedanken gut und klar zu entwickeln, zu formulieren und dann überzeugend vorzutragen. »Speech« erwies sich als noch brauchbarer als »Voice«. Ich gewann – als Ausländerin – sogar einen Preis in einem Redewettbewerb, in dem wir Darbietungen zum Thema Frieden vortragen mussten. Mit diesem Geld bezahlte ich meine letzten Schulden, ehe ich das Institut verließ.

In Goshen College kam ich zu den Quellen alles dessen, was ich für die nächsten 50 Jahre meiner Arbeit für Kinder brauchte. In Bethel College gewann ich an Selbstvertrauen und genoss es sehr, Kurse in englischer Literatur und Psychologie zu belegen, dazu einige Bücher der Bibel, besonders die Apostelgeschichte, gründlicher zu studieren. Ohne einen Studienabschluss, aber mit gutem Handwerkszeug kehrte ich im Herbst 1956 nach Deutschland zurück.

V. Kinder und Bücher

(1956–67)

»Was will ich tun, wenn ich hier fertig bin?« Diese Frage tauchte während meines zweiten Studienjahres in den USA immer wieder einmal auf . Aber ehe ich mir weitere Gedanken darüber machen konnte, kam Gott mir entgegen mit einem Plan, der genau auf mich zugeschnitten war. Ich erhielt eine Anfrage vom MCC in Basel, ob ich eine Stelle in dem neu gegründeten Agape-Verlag annehmen würde, um bei der Ausarbeitung von Material für Kinderbibelfreizeiten zu helfen. Ohne zu zögern sagte ich zu. Eine vierjährige Ausbildung – zwei Jahre Fröbelseminar und zwei Jahre Studium in USA – hatten mir eine biblische, pädagogische und psychologische Grundlage gegeben für das Verständnis des Kindes, dazu eine lebensnahe Form der christlichen Unterweisung. Und nun war da eine Einladung, genau das zu tun, was ich in Heilbronn als Schau für mein Leben gesehen hatte!

Am 1. Oktober 1956 war ich wieder daheim, gerade rechtzeitig, um meiner Familie beim Umzug von Stuttgart-Mühlhausen nach Korntal zu helfen. Am 15. Oktober 1956 begann ich meine Mitarbeit im Agape-Verlag in Basel.

Starenstraße 41

Basel war kurz nach dem Krieg als idealer Standort des MCC am Drei-Länder-Eck gewählt worden, um neutral arbeiten zu können und französische, deutsche, holländische und Schweizer Mennoniten nach den jahrelangen Spannungen des zweiten Weltkriegs wieder zusammenzubringen. Der Agape-Verlag war in einer vornehmen Villa auf dem Bruderholz untergebracht. Das MCC hatte dieses dreistöckige Haus ursprünglich erworben, um die ebenfalls neu ins Leben gerufene Europäische Mennonitische Bibelschule darin unterzubringen. Aber sie war so schnell gewachsen, dass sie sich nach einem neuen Areal hatte umsehen müssen. So hatte der Agape-Verlag alle Räume zur Verfügung und das Haus war eigentlich zwei Schuhnummern zu groß für uns. Deshalb wohnten immer eine oder zwei Mietparteien in unserem Haus und wir gaben das Bild einer recht großen, internationalen Familie ab. Die Verlagsmitarbeiter kamen aus der Schweiz, aus Frankreich, aus den USA, Kanada und Deutschland. Unsere Untermieter, oft Studierende, die ihren Doktor in der theologischen Fakultät der Universität Basels machten, kamen nacheinander aus den USA, Japan, Norwegen, Indonesien, Deutschland und der Schweiz. Manche von ihnen blieben ein Jahr, manche drei Jahre; ein Japaner brachte seine Frau mit, ein Norweger Frau und Sohn. Die Unverheirateten unter uns Agape-Mitarbeitern aßen zusammen und genossen je nach dem Herkunftsland unserer wechselnden Köchinnen französische Kost (viel köstliche Vorsuppen), amerikanische Kost (viel Gebäck, vor allem *Pies)*, deutsche Kost und dann am Ende konstant Schweizer Kost.

In diesem Haus verbrachte ich die nächsten vierzehn Jahre. Nachdem ich mich eingelebt hatte, musste ich den Verlag auch einige Jahre leiten und war später nebenbei Hausmutter dieser wechselnden, recht jungen Familie, in der die älteren Studierenden manchmal Vater- und Mutterrollen übernahmen. Ich war auch selbsternannte Gärtnerin des großen Areals, in dem jeder sich einbringen konnte, soweit er wollte und soweit es seine Freizeit erlaubte. Es gab aber auch Aufgaben, die verteilt wurden, so z.B. das Mähen unseres großen Rasens und das Rechen der Herbstblätter unter den ausladenden Ästen der alten Kastanien, Buchen und Birken. Der weite, herrschaftliche Garten, der sich vor unserem Haus ausdehnte und nach hinten in einem langen steilen Abhang auslief, war eine nie endende Herausforderung für uns. Er lohnte uns aber alle Mühe, wenn Pfingstrosen und Hortensien, die nicht viel Pflege brauchten, im Frühling nacheinander zu blühen begannen. Am Abhang hinter dem Haus hatte ich einen Steingarten eingerichtet, in dem wir nach und nach viele Pflanzen in echter Sammlerleidenschaft ansiedelten. So bot der Garten weiten Raum zur Erholung von unserer Büroarbeit durch Betätigung im Grünen.

Die Agape-Serie

Die Aufgabe unseres Verlages war eine zweifache. Zunächst galt es, die Agape-Serie zu entwickeln, und zwar in deutscher und französischer Sprache. Sie bestand mit der Zeit aus zehn zehntägigen Bibelkursen für Kinder im Alter von fünf bis vierzehn Jahren. Jeder Kurs bot ein Handbuch für den Leiter an und ein recht ausführlich gestaltetes Heft für die Kinder, die in jenen Jahren noch nicht mit Arbeitsheften aus der Schule überfüttert waren.

Die zweite Aufgabe bestand darin, dieses Material in den Gemeinden in der Schweiz, Deutschland und Frankreich bekanntzumachen und gleichzeitig Helfer für solche Freizeiten zu schulen. Denn solche Kinderfreizeiten waren Ende der fünfziger und beginnenden sechziger Jahre in dieser Weise noch unbekannt. Jugendarbeit ja. Aber Kinder? Genügten Religionsunterricht oder Kindergottesdienst nicht? Warum ließ man die Kinder nicht einfach ihre Sommerferien genießen?

Der Agape-Verlag mit seinem kleinen Mitarbeiterstab tat also auf beiden Gebieten Pionierarbeit: In der Herstellung sowie in der Einführung von Material für zehntägige Kinderfreizeiten am Wohnort der Kinder oder an einem Ferienort, wo der Beschäftigung mit Gottes Wort zweieinhalb Stunden am Tag eingeräumt wurden. Wir arbeiteten eng zusammen mit dem mennonitischen Verlag in Scottdale, Pennsylvania, USA, der großzügig und vertrauensvoll jahrelang in den Agape-Verlag investierte. Er räumte uns jungen Mitarbeitern ein großes Maß an Freiheit ein, das Material in deutsch und französisch zu entwickeln.

Nun arbeitete ich also in einem Verlag und in einem Team mit, in dem ich die Schau, die Gott mir in Heilbronn gegeben hatte, verwirklichen durfte. Die nächsten vierzehn Jahre waren es Kinder und Bücher in fruchtbarem Rhythmus. Dieser Rhythmus bewahrte das biblische Unterrichtsmaterial davor, theoretisch zu werden, weil es immer gleich ausprobiert wurde, nachdem es – oft noch warm – aus der Druckmaschine gekommen war.

Die ersten Jahre fand die ganze Produktion im Kellerraum der Starenstraße statt, wo Kenneth Hiebert, ein junger Amerikaner, der seinen Wehrdienst in Europa ableistete, eine Druckmaschine aufgestellt hatte. Andere amerikanische Wehrdienstverweigerer, die als «Pax Boys» zu uns kamen, wurden von ihm beim Drucken eingelernt. Einer der Erfolgreichsten war Homer Andres, weil er sehr fleißig war und Anweisungen folgte, ohne zuviel darüber nachzudenken. Gerade das war der Fehler seines Nachfolgers, der immer fragte: »Warum?«

»... als dass er treu erfunden wird!«

Kenneth hatte am Entwerfen und Gestalten der Bücher mehr Freude als am Drucken. Er beschloss, sich in Basel als Graphiker ausbilden zu lassen. Er wohnte weiterhin bei uns und blieb unser Berater, war aber auf einen »anderen Stern« umgezogen, auf dem wir ihn, trotz seiner Nähe, oft schwer erreichen konnten. In jener Zeit hatten wir anderen »Verlagsarbeiter« alle Schuhe an, die uns zu groß waren. Niemand von uns hatte trotz allem guten Willen und Berufung Erfahrung im Verlagswesen, und der einzige, der sie sich mühsam in der Praxis im Agape-Verlag erworben hatte, war ausgestiegen. Wenn ich unser kleines Team und die Riesenaufgabe sah, die vor uns lag, die fachlichen Verbindungen, die wir eingehen mussten, um voranzukommen, ohne uns kompetent zu fühlen, wollte ich manchmal fast verzweifeln. Eines nachmittags besuchte uns Cornelius Wall, der Gründer der Europäischen Mennonitischen Bibelschule. Ich lud ihn ein, meinen Steingarten zu besichtigen. Auf dem Gang durch den Garten sagte mir dieser erfahrene Seelsorger ein Wort, das mich damals und oft auch später getröstet hat: »Nun erwartet man nicht mehr von einem Haushalter, als dass er treu erfunden wird.« Treu sein – das konnte und wollte ich!

Mit der Zeit lernten wir uns in unserer »Branche« auch professionell besser zurechtzufinden. Wir schlossen uns der VEB (Vereinigung Evangelischer Buchhändler und Verleger) an, in der große und kleine Verlage vertreten waren.

Auf den Jahrestagungen kamen wir mit anderen »Berufskollegen« zusammen und entdeckten, dass wir wirklich etwas herausbrachten, das kein anderer Verlag bis jetzt in Angriff genommen hatte. Später galt es, Künstler zu suchen, die unseren Arbeitsheften ein moderneres Gesicht gaben. Wir zogen einen Basler Graphiker bei der Gestaltung unserer Serie zu Rate, und unsere Manuskripte wurden von dem Korrekturleser des Reinhard-Verlages gelesen und in einer Basler Druckerei gedruckt.

Diese Jahre des gemeinsamen Schaffens waren gute, fruchtbare Jahre. Jeder, der bereit war, in diesen Anfangsjahren ohne viel Entgelt sein Bestes zu geben, fand später seinen Lohn: Kenneth hatte seinen Lebensberuf bei uns gefunden. Ein schon etwas älterer Mitarbeiter, auch aus den USA, studierte nach seinem Einsatz bei uns einige Semester an der Sorbonne in Paris und wurde Professor für Französisch im Goshen College, Indiana, USA. Für wieder andere entstanden außer einer bereichernden Praxis oder einem Berufsstart bleibende Freundschaften, bis in die umliegenden Höhen des Schweizer Juras, des Elsass und darüber hinaus.

Jahresrhythmus

Der Rhythmus eines Jahres blieb sich im Großen Ganzen gleich. Vom September bis Juni schrieben und druckten wir das Material, das in dem betreffenden Jahr für die vier verschiedenen Altersstufen in den Kinderbibelfreizeiten unterrichtet werden würde. In der Regel entstand pro Jahr ein neuer Kinderbibelkurs, andere wurden revidiert. Im Frühjahr begann der Besuch in Gemeinden, die uns einluden, eine Kinderfreizeit zu gestalten. Dazu kamen die Suche nach Helfern und ihre Schulung, für mich vor allem im deutschen Raum. In den Monaten Juli und August waren wir dann unterwegs. Weil die Schulferien in Nord- und Süddeutschland gleitend waren, konnten wir diese Sommermonate maximal nutzen.

Kinderfreizeiten in Siedlungsgemeinden

Nach den Umwälzungen des Zweiten Weltkrieges und der massiven Flüchtlingsbewegung vom Osten in den Westen hatte sich eine Zahl von größeren mennonitischen Gemeinden im Westen gebildet. Ganze Siedlungen wurden erbaut, in denen die Gemeindeglieder geschlossen wohnten und auch ein Gemeindehaus besaßen, das gleich eingeplant wurde. Aber die innere Formierung hielt nicht unbedingt Schritt mit dem äußeren Wachstum. In Backnang-Sachsenweiler setzte sich die Gemeinde aus Gliedern zusammen, die aus der Ukraine, aus Galizien und aus Ostpreußen kamen und starke eigene Kulturprägungen hatten. Diese betrafen auch Gemeindeauffassung und Frömmigkeitsstil. Die Unterweisung der Kinder lag im Argen. Es schien zunächst Wichtigeres dran zu sein. Da wirkten die Kinderfreizeiten wie ein frischer Wind, der durch die Gemeinden wehte und Jung und Alt, Ostpreußen, Russlanddeutsche und Galizier einander näher brachte.

Wir auswärtigen Leiter und Helfer wurden in Familien untergebracht, was gleich guten Kontakt schaffte. Im Verlauf der Freizeit besuchten wir dann die Familien, aus denen die Kinder kamen und knüpften weitere Kontakte. Eine Helferzusammenkunft am Abend fand im Gemeindehaus statt und war manchmal ein Anziehungspunkt für andere Jugendliche aus der Gemeinde. So wurden manche von ihnen mit in die Arbeit hineingezogen, die ja später als sonntäglicher Kindergottesdienst fortgesetzt werden sollte. Es war, als hätte die ganze Gemeinde zwei Wochen lang

Besuch bekommen, der in erster Linie den Kindern galt! Jeden Morgen kamen sie erwartungsvoll mit ihrer Bibel unter dem Arm ins Gemeindehaus, obwohl es ihre Ferien waren! Dort wurden sie ihrem Alter nach in kleine Gruppen eingeteilt, sodass die meist noch unerfahrenen Helfer nur einer kleinen Kinderschar gegenübersaßen und weitergeben konnten, was sie sich aus ihren Handbüchern erarbeitet hatten. Die Kinder nahmen sie ernst, wir Leiter nahmen sie ernst, so nahmen auch sie sich und ihre Aufgabe ernst und wuchsen daran. Die Kinder hörten ihrem Alter entsprechend von Gottes Tun, vom Kommen Jesu in unsere Welt und seiner liebevollen Zuwendung gerade zu den Bedürftigsten! Sie lernten ihre Bibel aufschlagen und lasen die Geschichten selbst nach. Je vertrauter sie mit ihrer Bibel wurden – oft war es Omas oder Opas Bibel – desto mehr Freude machte ihnen das Aufsuchen von Geschichten und Lernsprüchen.

Es ging uns als Veranstaltern dieser Kinderbibelfreizeiten darum, was wir in Psalm 78,3–8 lasen: um das ununterbrochene Lehren all dessen, was Gott getan hat, sodass die Kinder:

- Gott vertrauen lernten
- seine Taten nicht mehr vergaßen
- seine Gebote von Herzen hielten und
- nicht zu einer hartnäckigen, rebellischen Generation heranwuchsen, die Gott vergaß.

Wir konnten den Kindern ganz praktisch bezeugen, wie Gott noch heute in unserem Alltag wirkt und auch in ihrem Leben wirken wollte. Gott wurde im Alltag der Kinder wichtig. Man konnte mitten am hellen Werktag ganz natürlich von ihm sprechen.

Genau so hielten wir es auch in anderen Gemeinde-Neusiedlungen, in Enkenbach in der Pfalz, Neuwied am Rhein und in Bechterdissen bei Bielefeld ... Eine erfreuliche Nebenwirkung der zehntägigen Kinderfreizeiten war die Belebung der Sonntagsschularbeit am Ort und die Aktivierung der Jugendlichen, die zum Teil mitgearbeitet und dabei eine gute Helferschulung erlebt hatten. Sie waren ermutigt und motiviert worden, sich der Kinder weiterhin anzunehmen, nachdem die auswärtigen Mitarbeiter weitergezogen waren. Wir unsererseits hielten Kontakt. Der Agape-Verlag in Basel wurde zur Anlaufstelle für alle Fragen von Gemeinden, die Kinderarbeit betreffend, und im nächsten Sommer kamen wir wieder. Durch den guten Gesamtaufbau der Agape-Serie konnte ein Kind ja zehn Jahre lang die Kinderbibelfreizeiten besuchen, ohne ein Thema wiederholen zu müssen.

Flugsamen

Natürlich blieb die Frage nicht aus, nach welchem Leitfaden im Kindergottesdienst weiter unterrichtet werden sollte. Wir empfahlen den »Sonntagsschulhelfer« der Vereinigten Evangelischen Freikirchen. Nur für die Kindergartenstufe war das Material nicht befriedigend. So nahmen wir die Herausforderung an und brachten als Agape-Verlag Hilfen für den Kindergottesdienst für die 4- bis 6-Jährigen heraus. Dem vorgegebenen Grundplan entsprechend entwarfen wir Lektionen, die sich über drei Jahre erstreckten und die wir unter dem Namen »Flugsamen« herausgaben. Damit hatten wir eine echte Lücke geschlossen. Flugsamen wurde damals in vielen evangelischen Freikirchen und auch in Kindergärten gebraucht. Es bestand aus sechs halbjährigen Bänden mit sonntäglichen Verteilblättern, die die Kinder mit nach Hause nahmen und die auch Anregungen für die Eltern enthielten.

So wurde unser Verlag allmählich bekannt, hauptsächlich durch sein Material für Kinder, und bekam dadurch Profil auch über die Mennonitengemeinden hinaus.

Kinderfreizeiten auf dem Liebenstein

Familie Fellmann, die als Pächter das Schlossgut Liebenstein bei Neckarwestheim verwaltete, gehörte zu der Mennonitengemeinde Heilbronn. Der Vater der Familie war 1961 gestorben, im gleichen Jahr, als auch mein Vater starb. So konnte ich die Trauer und die Leere mitempfinden, die über eine Familie kommt, die so plötzlich den verliert, der die Familie zusammengehalten hatte. In diesem Leid tat die Familie und allen voran die Witwe, Tante Martha, etwas Ungewöhnliches. Sie öffnete ihr Haus und nahm Jesus auf in Gestalt der vielen Kinder, die im Sommer zu einer Kinderbibelfreizeit auf den Liebenstein kommen durften. Jesu Wort gilt ja bis heute: »Wer ein solches Kind aufnimmt in meinem Namen, der nimmt mich auf.« Mit weit offenen Armen und einem Herzen voller Liebe wurden nicht nur die Kinder, sondern auch die Helfer und ihre Leiterin empfangen.

Natürlich gab es am Anfang keine 30–40 Betten in dem Schlossgut. Im ersten Jahr nagelte die Familie Leisten auf dem Holzboden an und schüttete Stroh dahinter, das mit Zeltplanen zugedeckt wurde. Die Kinder brachten Bettbezüge und Bettlaken teilweise selbst mit. Sie fanden es herrlich, in einem Schloss auf Stroh zu schlafen! Mit den Jahren schaffte Familie Fellmann Betten an und modernisierte die sanitären Anlagen. Und zum Schluss baute die jüngste

Tochter der Familie ein ganzes Kellergewölbe zu einem Klubraum aus. So hatte ein Opfer der Liebe weiten Raum für Kinder geschaffen.

Der Morgen begann mit einer Andacht in der Schlosskapelle. Welcher andere Freizeitort konnte das bieten? Dann – nach einem nahrhaften Frühstück – fanden wir genügend Gruppenräume, in denen wir mit den Kindern für zweieinhalb Stunden zusammen waren, biblische Geschichten hörten und danach sangen und bastelten, dem Tagesthema entsprechend. Der begehrteste Raum war ganz oben in einer Turmstube, von der man weit über das Land sehen konnte. Wir schleppten die Tafel hinauf und fanden genug Stühle. Der Tisch war ein großes Brett auf einem Sägebock. Eine andere Gruppe kam im Esszimmer der Familie zusammen, die in den beiden Freizeitwochen auf manche Bequemlichkeit verzichtete.

Und dann das Mittagessen! Die gebratenen Hühner und Koteletts, die die Küche neben vielem anderen Guten auffuhr! Ich glaube, in kaum einer anderen Freizeit wurden die Kinder so verwöhnt mit dem Essen wie auf dem Liebenstein.

Nachmittags wanderten wir mit den Kindern über die Felder oder spielten im Wald. Die älteren Kinder, die zu Hause schon tüchtig in der Landwirtschaft mithelfen mussten, genossen ihre Freiheit in vollen Zügen. Manchmal veranstalteten wir eine Olympiade über mehrere Nachmittage hinweg. Ich erinnere mich an einen Langstreckenlauf, der am Schlosstor begann. Jedes Kind legte alles, was es am Lauf hindern konnte, ab und rannte los, nachdem der Helfer das Startzeichen gegeben hatte. Unten am Waldrand stoppte der nächste Helfer die Ankunftszeit. Die Morgenandacht am folgenden Tag über Hebräer 12,1–2 fand volle

Aufmerksamkeit. Sie waren ja selbst gelaufen, um einen Siegespreis zu gewinnen!

Es ging uns wie in allen Kinderfreizeiten darum, das Wort Gottes mitten in den Alltag der Kinder hinein auszurichten. Es würde mit ihnen gehen, nachdem sie den Schlüssel dazu besaßen und ihre Bibel selbständig brauchen gelernt hatten. Sie würden selber schöpfen können bis an das Ende ihres Lebens, und ewiges Leben finden.

Am Abend, wenn die Kinder in ihren Betten waren, lasen wir in jedem Schlafzimmer einen kurzen Bibeltext nach einem bestehenden Bibellesezettel. Wir hofften damit, eine Gewohnheit zu schaffen, dass die Kinder Zu Hause das gleiche tun würden. Wenn wir am Ende eines erlebnisreichen Tages so beieinander waren, konnte manches aufgearbeitet werden, was tagsüber passiert war. Auch theologische Fragen kamen auf. Einer unserer größten Jungen sagte eines Abends halb verlegen: »Ich habe eine ganz dumme Frage, darf ich sie trotzdem stellen?« Er wollte er wissen: »Wo ist Jesus eigentlich? Im Himmel oder in unserem Herzen?« Wir fanden die Antwort gemeinsam.

Es gab aber auch Probleme im Zusammenleben. Ein schmächtiger Zwölfjähriger, der in einem Kinderheim lebte, fühlte sich völlig überfordert durch die Gegenwart eines Gleichaltrigen, der ihn um fast zwei Köpfe überragte, von einem großen Hof kam und mit einem guten Schuss Selbstvertrauen ausgerüstet war. Ich war beim Gespräch mit Michael erschrocken über den Hass, der sich im Herzen des Kleineren nach einem Zusammenstoß festgesetzt hatte. »Ich könnte ihn umbringen!« Da war am Ende nur die Frage: »Willst du vergeben?« Wir ließen die beiden weiterhin in einem Schlafraum.

Einen anderen Jungen schickte ich nach einer Szene selbst aus dem Schlafzimmer und ließ ihn im Vorraum sitzen, bis die anderen Kinder eingeschlafen waren. Er saß barfuß mit den Füßen auf den kalten Steinfliesen, weil er seine Hausschuhe drinnen vergessen hatte. Die konnte ich ihm holen. Aber dann brach es aus ihm hervor: »Immer ich, immer ich! Warum immer ich? Zuhause bin ich es auch immer, *nie* meine beiden Schwestern, immer ich!« Ich horchte auf. Er war ein Junge, der aus erster Ehe in eine zweite eingebracht worden war, in der danach zwei Mädchen geboren wurden. Ich versuchte mitzuempfinden, wie ihm zumute sein musste. Dann fiel mir nur eins ein: »Aber heute Abend warst du es wirklich!« Da sah er mich zuerst ganz verdutzt an und sagte dann nach einer Weile fast überrascht: »Ja, heute Abend war ich es wirklich....« Das öffnete die Tür zu einem tieferen Gespräch und einer neuen Einsicht. Manchmal war er es eben doch! Wie konnte das anders werden? Darüber begann er nachzudenken.

Kinderfreizeiten in Bayern

In Bayern war die Lage ganz anders. Dort hatten die Gemeinden von den Freizeiten auf dem Liebenstein gehört und wollten etwas Ähnliches auch für ihre Kinder. Aber in Bayern gab es keinen Liebenstein. Dafür gab es ein mennonitisches Altenheim. Also begannen wir im Altenheim in Burgweinting (Regensburg), das nicht voll belegt war, mit Kinderfreizeiten. Auch hier war es die Leiterin des Altenheims, die mit großer Liebe und Umsicht für die Kinder Raum machte. Sie hatte ihren treuen Hausmeister Opa Ruppel, der sich der Kinder väterlich annahm. Die Mädchen schliefen in den leeren Zimmern des Altenheims, ich auf dem Sofa im Büro der Heimleiterin, und für die Buben hatte

Opa Ruppel Zelte im Garten aufgestellt. Er wachte treu über unser Wohl. In der Altenheimküche wurde während zweier Wochen für uns mitgekocht. Auch hier schmolzen wir bald zu einer Großfamilie zusammen. Die alten Leute, die draußen sitzen konnten, freuten sich an den lebhaften Kindern, die ein wenig Abwechslung in ihren sonst eher eintönigen Alltag brachten.

Und doch passierte gerade in jenem Garten, als wir draußen im Freien Abendbrot aßen, ein Unfall, den niemand von uns verhindern konnte. Ein Siebenjähriger war, während die Helferin Nachschub in der Küche holte, eben mal wie die Großen zum Reck hinauf gesprungen, hatte es verfehlt und sich beim Sturz beide Unterarme gebrochen. Es war einer der schwersten Unfälle, die ich auf einer Kinderfreizeit erlebte, obwohl ich vor jeder Freizeit Alpträume von allen möglichen Unfällen hatte! In diesem Fall war es dann sehr tröstlich, die Heimleiterin und Opa Ruppel zur Seite zu haben. Dass der kleine Verletzte sich fabelhaft tapfer benahm und seine Eltern uns keine Vorwürfe machten, war eine große Erleichterung.

Ich erinnere mich an Kinder, die eine ganze Reihe von Jahren immer wieder kamen. Wir waren vom Altenheim in eine alte, leer stehende Kirche umgesiedelt. Dann zogen wir in das schöne Jugendheim in Eichstock um, das die Mennonitengemeinde für die Kinder- und Jugendarbeit gebaut hatte. Diese Freizeiten wollten die Kinder auch in Bayern nicht mehr missen. Es gab herrliche Stunden im Waldbad, weite Wanderungen am Donauufer entlang zur Walhalla und auf dem Rückweg ein Abkühlen in den Donauwellen.

Diskussion in Basel

»Gehen wir weit genug mit unseren Kindern in den Freizeiten? Sollten wir ihnen nicht ganz klar den Weg zu Jesus zeigen und wie sie ihn in ihr Leben aufnehmen können?« Diese Frage kam von Helena Braun, meiner Cousine aus Kanada, unter deren Leitung ich in Bad Dürkheim gearbeitet hatte. Sie hatte ihre Stelle als Lehrerin in British Columbia aufgegeben, um noch einmal für zwei Jahre nach Europa zu kommen. Von Basel aus wollte sie helfen, unsere Kinderbibelserie in Deutschland und der Schweiz bekanntzumachen.

Da war die Frage wieder, über die ich auch schon viel nachgedacht hatte! Die theologische Linie im Goshen College war die gewesen, dass man den Kindern ihrem Alter entsprechend Gottes Wort sagte. Wenn sie dann das Alter erreicht hatten, in dem sie persönlich vor Gott verantwortlich würden – auf Englisch: »*the age of accountability*« – sei es die beste Zeit, eine solche Entscheidung zu treffen. Man könne den Kindern nicht zumuten, eine Entscheidung für ihr ganzes Leben zu treffen, das sie ja noch gar nicht übersehen könnten. Alltagsbezogene biblische Unterweisung sei die wichtigste Aufgabe, die wir Kindern gegenüber hätten. So vertrat ich meine Auffassung meiner Cousine gegenüber. Aber die Frage blieb.

Während eines Sommers hatte mich ein Kinderevangelist in Liebenstein vertreten. Er hatte den Kindern am letzten Abend der Freizeit Gelegenheit gegeben, alles, was sie als Sünde in ihrem Leben erkannten, auf einen Zettel zu schreiben und, nachdem sie Jesus um Vergebung gebeten und ihn in ihr Herz aufgenommen hätten, diesen Zettel im Lagerfeuer zu verbrennen. Ein Junge sagte mir im nächsten Jahr:

»Ich bin diesem Onkel immer aus dem Weg gegangen!« Es war ihm wohl »ungemütlich« geworden. Ein Mädchen, inzwischen eine junge Erwachsene, sagte auf meine Frage, ob sie eine Entscheidung für Jesus getroffen hätte, wenn ich ihnen eine Gelegenheit gegeben hätte: »Ja, ich hätte es getan. Ich habe darauf gewartet.«

Ich hatte später Gelegenheit, mit diesem Evangelisten während einer Autofahrt ein persönliches Gespräch zu führen. Er war wie meine Cousine der Überzeugung, dass wir trotz aller guten Arbeit unter den Kindern und unserer Nähe zu ihnen nicht alles täten, was wir tun könnten und vor Gott tun sollten.

Die Frage blieb also. Vielleicht war ich geprägt durch meine eigene Erfahrung. Ich war ganz natürlich gewachsen in meiner Erkenntnis von Gott und seinem Wort; wir lebten in einem gläubigen Elternhaus, in dem wir große geistliche Freiheit genossen. Dann, 15-jährig, hatte ich mein Leben ohne Hilfe anderer Jesus übergeben. Oder war bei mir ein entscheidender Anfang gewesen, damals, an jenem Gründonnerstagabend, als ich nach langen Monaten Krankenhaus nach Hause kommen durfte? Ich wusste es nicht und kam zu keiner Lösung.

Kinderfreizeiten in Berlin

Berlin – Westberlin – Ostberlin: eine Stadt, die mich, als ich sie einmal entdeckt hatte, nicht mehr losließ. Die Mennonitengemeinde in Westberlin lud die Kinder der in ganz Ostdeutschland verstreut lebenden Mennoniten zu Kinderbibelfreizeiten im Friedensheim ein. Diese Flüchtlingsfamilien, die aus Ost- und Westpreußen oder noch weiter aus dem Osten kamen, hatten sich in ihren neuen Wohngegenden in der DDR eingerichtet. Sie besuchten vielleicht die Gottesdienste in den lutherischen Kirchen ihrer Gegend, obwohl sie ihnen fremd waren. Aber unter dem zunehmenden Druck des Regimes hatten manche ganz aufgehört, zu irgendeiner kirchlichen Veranstaltung zu gehen. Es gab in der DDR damals noch keine organisierte Mennonitengemeinde, außer in Ostberlin, wo ein Laienprediger, Walter Janzen, jahrelang Gottesdienste hielt und auch Besuche bei verstreuten Familien machte, soweit das sein Beruf zuließ.

Zwei Ferienwochen für die Kinder in Westberlin, das war ein verlockendes Angebot. Für uns war es eine Chance, den Kindern geistliche Wegweisung zu geben. Lebten sie doch schon gute zwölf Jahre unter atheistischer Erziehung und Beeinflussung in ihren Schulen. Wir merkten deutlich, welche Kinder aus Familien kamen, die innerlich aufgegeben und sich in einem Leben ohne Gott eingerichtet hatten. Für ihre Kinder erhofften sie jedoch noch etwas Besseres.

Berlin war eine Herausforderung für uns. Mit Kindern über Gott zu sprechen, mit ihnen die Bibel zu lesen, von der sie in der Schule lernten, dass sie ein Märchenbuch sei, über Fragen zu diskutieren, denen die Kinder in der Schule immer wieder begegneten, eingeschlossen die Jugendweihe, darum ging es.

In einer der Berliner Freizeiten las ich den Kindern das Buch von Patricia St. John »Spuren im Schnee« vor. Wir saßen nachmittags im Garten, die Kinder um mich herum. Ich hatte nicht geglaubt, dass dieses Buch sie so fesseln würde! Unser Ältester, der vierzehnjährige Bernd, der ab und zu richtig widerspenstig war, hatte sich weit weg von mir ins Gras gesetzt. Ich war selbst so vertieft ins Vorlesen, dass ich erst später merkte, wie er näher und näher gerückt war, bis er zuletzt direkt vor mir saß, um kein Wort der Geschichte zu verlieren. In jener Freizeit entdeckte ich den Schatz, der in den Büchern von Patricia St. John verborgen lag, die wir dann später in Indonesien als Begleitmaterial für die Kinderbibelfreizeiten übersetzten. Wenn ihr Inhalt einen rauen Vierzehnjährigen in Berlin, der schon mit allen Wassern gewaschen war, so fesseln konnte, dann musste wirklich etwas an diesen Geschichten sein!

In Berlin tauchte die Frage aufs Neue auf: »Geben wir den Kindern genug? Gehen wir weit genug in unserer Verkündigung?« Die Frage war hier noch dringlicher, denn wir entließen die Kinder nach der Freizeit nicht wie in Westdeutschland in geordnete Familien- und Gemeindeverhältnisse, wo sie weiterhin regelmäßig unter das Wort kamen. Sie gingen zurück in Familien, die zum Teil nach schweren Schicksalen am Glauben Schiffbruch gelitten hatten, und in Schulen, in denen alles, was während der Kinderbibelfreizeit gelehrt worden war, in Frage gestellt werden würde.

Es mag die letzte Freizeit vor dem Bau der Berliner Mauer gewesen sein, die die Grenze hermetisch abriegelte und den Kinderfreizeiten ein Ende setzte. Vor dieser Kinderfreizeit kam es noch einmal zu einem Gespräch mit einer Frau, die mit der Kinderevangelisationsbewegung zusammenarbeitete. Sie machte mir Mut, den Kindern nach all der guten biblischen Unterweisung auch Gelegenheit zu geben, Jesus als ihren Herrn und Heiland anzunehmen. Während ich zu den Kindern zurückging, fasste ich den Entschluss, es gegen Ende der Freizeit zu wagen.

So sagte ich denn den Kindern während dem abendlichen Zusammensein im Mädchenschlafsaal, wie man Jesus in sein Herz aufnehmen könne. Wer von ihnen das tun wolle? Einige meldeten sich. Wir machten das Licht aus, damit die anderen nicht gestört wurden. Ich ging von Bett zu Bett zu denen, die sich gemeldet hatten. Eine Dreizehnjährige zog nach dem Gebet einen Stoß Schundhefte unter ihrer Matratze hervor und gab sie mir zum Verbrennen. Sie merkte selbst, dass diese jetzt keinen Platz in ihrem Leben mehr haben konnten. Eine andere fragte mich: »Darf ich jetzt nie mehr ins Kino gehen?« Wie gut, so persönlich mit ihnen zu sprechen!

Anschließend ging ich zu den Jungen und erlebte bei ihnen das Gleiche. Sie wussten genau, was sie wollten. Einige wollten Jesus in ihr Leben einladen, andere wollten es genau so klar (noch) nicht. Am anderen Morgen zeigte Gott mir einen Weg, wie diese Kinder vor den anderen ihre Entscheidung bezeugen konnten, ohne aus der Gemeinschaft herauszufallen. Ich sagte der ganzen Gruppe, was am Abend zuvor geschehen war, was sie ja zum Teil miterlebt hatten, und dass die, die Jesus angenommen hatten, nun ein Lied singen würden. Die betreffenden Kinder kamen zum Klavier und sangen ein Lied, mit dem sie ihren Beschluss bezeugten. Dann kehrten sie ruhig an ihre Plätze zurück und wir gingen zur Tagesordnung über. Es gab nicht die Trennung, die ich immer gefürchtet hatte und verhindern wollte: hier die »Bekehrten« und da die »Unbekehrten«!

Als die Berliner Mauer im Sommer 1961 über Nacht errichtet wurde, fand gerade wieder eine Kinderfreizeit im Friedensheim statt. Wir wurden aufgefordert, die Kinder aus der DDR an die Grenze zu bringen, wo sie entweder von ihren Eltern oder von den Grenzbeamten in Empfang genommen wurden, die sie dann weiterleiteten. Das war das Ende der Kinderfreizeiten in Berlin, solange das DDR Regime bestand.

Pionierfreizeit in Bowil im Emmental

Wir reisten weit in Deutschland, um Kinderbibelfreizeiten ins Leben zu rufen und dann Jahr für Jahr durchzuführen. Wie aber stand es in der Schweiz, wo wir lebten und arbeiteten?

Von den ersten Anfängen des Agape-Verlags an hielten die beiden Basler Mennonitengemeinden eine jährliche Kinderbibelfreizeit in unseren Räumen in der Starenstraße. Aber Kinderfreizeiten als Kinderlager gestaltet? Solche Freizeiten gab es nur für Jugendliche. Von meinen Erfahrungen in Deutschland ermutigt wagte ich einen Vorstoß.

Die erste Schweizer Kinderfreizeit fand im Gemeindehaus in Bowil – einer Zweiggemeinde von Langnau im Emmental – statt, mit Schweizer Helfern und Helferinnen. Es war ein großer Moment für mich, als der Zug in Langnau hielt. Würde ich angenommen werden? Als Norddeutsche? Würde die Kinderbibelfreizeit Fuß fassen können wie in Deutschland? Nachdem die uns Abholenden mich entdeckt hatten, ging es weiter zum nahe gelegenen Bowil. Wir wurden aufs Wärmste von Mutter Bähler willkommen geheißen. Unser Schweizer Stübli mit dem Federbett sagte ebenfalls willkommen.

Obwohl dieses in eine Familie Eingetauchtsein meistens den Pionierfreizeiten vorbehalten blieb, gibt es nichts Vergleichbares für das Gelingen einer Kinderfreizeit. Die Kinder fühlten sich zuhause wie in einer Familie. Aller Kummer, Zahnschmerzen, Mückenstiche, Heimweh wird nicht nur den Helfern, sondern einem »Mueti« anvertraut. Das Essen schmeckt wie Zuhause. Und die Helfer wissen sich getragen von den Gebeten der Gastgeber, die ja Freude und Probleme der Freizeit hautnah miterleben. Hier im Hause Bähler war es besonders die Tochter Liesbeth, die neben Mutter Bähler es uns allen wohlsein ließ in unermüdlicher Fürsorge für unser und der Kinder Wohl. Nachdem die Kinder am Abend auf ihren Matratzen auf dem Kirchenboden lagen, kamen wir Helfer zur Tagesbesprechung und zu froher Gemeinschaft im Wohnzimmer der Familie zusammen. Uns verband die Liebe zu den Kindern, die schöne Aufgabe, ihnen das Wort Gottes zu sagen, das Bewusstsein, dass wir alle zu etwas beitrugen, was eine tiefe Bedeutung im Leben dieser Kinder haben sollte.

Von einer solchen Abendbesprechung ging einer unserer jungen Helfer, der zum ersten Mal eine Kinderfreizeit mitmachte, um sich neben seinen Buben auf dem Kirchenboden zur Ruhe zu legen. Ein Elfjähriger wälzte sich unruhig auf seiner Matratze. Als er seinen Helfer kommen hörte, sagte er: »Ich kann nicht einschlafen. Ich muss mit dir sprechen.« Auf einem Baumstamm im Mondlicht sitzend gestand der Junge, dass es Dinge in seinem Leben gab, für die er Vergebung brauchte. Ob der *Onkel* wohl mit ihm beten könnte? Es war das Werk des Heiligen Geistes, das diesen Elfjährigen ohne unser Zutun bewegt hatte, den Schritt zu Jesus zu wagen, ihn um Vergebung zu bitten und ihn in sein Herz aufzunehmen. Der Helfer war völlig überrascht, so unerwartet Geburtshelfer sein zu dürfen, indem er einen Jungen aus seiner Gruppe half, den Weg zu einem neuen Leben zu finden. Natürlich freuten wir uns alle mit!

Ob ich angenommen wurde? Ich war gar nicht die einzige Nicht-Schweizerin, wie ich gefürchtet hatte. Eine Missionarsfamilie, aus Batu in Indonesien kommend, hatte uns ihre drei Jungen anvertraut, die nur Englisch sprachen. Ihr Vater war Schweizer, aber ihre Mutter Kanadierin. Da fiel ich, die ich ja gut Schwyzerdütsch verstand, auch wenn ich es nicht sprach, gar nicht mehr so auf. Ich unterrichtete in zwei Sprachen gleichzeitig, sagte alles in Deutsch und gleich hinterher in Englisch. Die Schweizer Kinder waren sehr geduldig mit ihren *Amerikanern*! Am besten ging es beim Spielen. Und auf den Spaziergängen erzählten mir die Kinder aus Indonesien, aus ihrer Welt in Batu in den Bergen in Ostjava, wo sie gelebt hatten, ohne dass ich ahnte, dass ich später einmal selbst achtzehn Jahre in dieser indonesischen Welt verbringen würde.

Der Wald um Bowil herum war unerschöpflich und einladend zum Wandern, zu Sport und Spiel, auch zum Beeren sammeln. Manchmal saßen wir und hörten Geschichten. Und als eins von den Kindern in eine Rehfalle geriet und sich verletzte, gab es eine gute Gelegenheit, über unser Verhältnis und unseren Schöpfungsauftrag an Tieren zu sprechen.

Als wir am letzten Tag der Kinderfreizeit in Bowil die Fahne einzogen, hatten wir den Grund gelegt zu weiteren Kinderfreizeiten. Wir wussten, wir durften wiederkommen. Vielleicht würden eines Tages auch andere Schweizer Gemeinden dem Vorbild folgen.

VI. Hilf mir ja sagen
(1967)

Unruhe

Jeder Fortschritt in unserem geistlichen Leben hängt von der Weigerung ab, sich mit schon Erreichtem zufrieden zu geben. Gott wartet darauf, dass wir uns ihm immer aufs Neue anvertrauen, damit er uns neue Wege und auf neue Höhen führen kann.

Ich war in meinem Leben an einen Punkt gekommen, an dem ich begann, mich »christlich einzurichten«, Erworbenes auszubauen und zu befestigen. Was ich erreicht hatte war zwar nicht alles, aber es genügte, um damit leben zu können. Gewisse Ideale würden sich vielleicht nie verwirklichen lassen. Nur: Gott gab sich nicht zufrieden mit dem, was ich »erreicht hatte«. Er begann, das Nest aufzustören. Äußerlich veränderte sich zunächst nichts, aber eine geistliche Unruhe erfasste mich. Sie begann damit, dass ich auf Verheißungen stieß, die der Wirklichkeit in meinem Leben nicht entsprachen.

»Der Herr wird für euch streiten und ihr werdet stille sein.« Auch nach vielen Jahren in der Nachfolge Jesu hatte ich diese Art des Stilleseins noch nicht gemeistert. Im Grund entwarf ich meine Pläne, auch wenn ich nach Gottes Leitung fragte. Ich unterschied zwischen Dingen, die ich Gott überließ und solchen, mit denen ich ihn nicht belästigen wollte. Deshalb war viel eigenes Mühen in meinem Leben. Ich versuchte, »täglich mein Kreuz auf mich zu nehmen und zu sterben«, aber es war oft mühsam. So mühsam war auch das Zeugnis. Die Worte waren richtig, aber oft fehlte das Feuer in den Worten. Auch das Beten war manchmal mühsam. Natürlich gab es auch Zeiten, in denen es besser ging. Aber gerade diese Zeiten machten es nicht leichter, sondern schwerer, weil ich ahnte, wie ein Leben in der ständigen Gegenwart Gottes aussehen könnte.

»Ich bin gekommen, dass sie das Leben und volle Genüge haben sollen.« Ich wusste dankbar, dass Gott mir seine größte Gabe, das ewige Leben, geschenkt hatte. Aber volles Genüge? Ich beobachtete auch andere Christen um mich herum, das Leben in unseren Gemeinden, in denen viel geistliche Müdigkeit herrschte. Und ich fragte mich: Ist dies das Leben, von dem Jesus spricht? Hatte ich eine zu ideale Vorstellung vom Leben eines Christen? Verstand ich die Verheißung falsch? Das konnte nicht sein! Denn es gab Menschen wie Johann Christoph Blumhardt, Hudson Taylor oder Eva von Tiele-Winckler, in deren Leben die Verheißung Wirklichkeit gewesen war. Mehr aber als alle Lebensbeschreibungen packten mich gewisse Aussagen in der Apostelgeschichte, wie die aus Apg. 4,2: »Wir können's ja nicht lassen, dass wir nicht sagen sollten von dem, was wir gehört und gesehen haben.« Wie »normal« war mein Zeugnis für Jesus Christus geworden!

»Wer an mich glaubt, von des Leibe werden Ströme des lebendigen Wassers fließen.« Das war das fruchtbare Leben, das ich in den weiteren Kapiteln der Apostelgeschichte fand. Und wo ich uns Christen der Nachkriegszeit im westlichen Europa in äußerem Wohlstand, aber oft schlapp und angefochten sah, da fand ich das Gegenteil bei

Männern wie Paulus und Silas: Von außen angefochten und ständig bedroht, blieben sie doch in ihrem Inneren gelassen und getröstet. Sie dienten den Menschen ihrer Zeit »als die Traurigen, aber allezeit fröhlich; als die Armen, aber die doch viele reich machen; als die nichts haben, und doch alles haben.« Wo waren diese Ströme lebendigen Wassers, die sich durch keine äußeren Umstände hemmen ließen, in meinem Leben?

In jener Zeit schrieb ich Gedanken nieder, die sich mit Petrus befassten, um seine Situation vor Pfingsten von der Situation des modernen Jüngers aus zu verstehen:

»Herr, ich will wieder fischen gehen. Du hast dich in mir getäuscht, als du meintest, du könntest einen Menschenfischer aus mir machen. Ich habe dir wenig Ehre gemacht. Noch einmal werfe ich mich vor dir in den Staub und spreche: ›Herr, gehe von mir hinaus, ich bin ein sündiger Mensch. Ich bin nicht besser, als meine Väter waren.‹

Denn auch darin hattest du nicht recht, als du sagtest: ›Kephas – Fels‹. Ich gab mich derselben Täuschung hin wie du und meinte, stehen zu können, wenn alle anderen dich verlassen würden. Ich versprach es dir. Ich meinte es ernst! Aber als die Versuchung so stark wurde, da überspülte sie mich und riss mich mit sich fort.

Herr, ich bin kein Fels. Auf mir kannst du dein Reich nicht bauen. Darum will ich wieder fischen gehen. Denn fischen kann ich, Herr. Ich verstehe mein Handwerk. Du sollst wieder Freude an mir haben, größere Freude, als wenn ich ein schlechter Menschenfischer geworden wäre. Und ich werde ein Haus haben, das mir sicher ist. Ich werde wieder wissen, womit ich zu rechnen habe.

Nicht dass ich dir einen Vorwurf mache, du habest nicht genügend für uns gesorgt. Du fragtest einmal, ob wir je

Mangel gehabt hätten. Nein, wir litten keinen Mangel bei dir. Aber nichts war sicher in unserem Leben. Am Morgen kannten wir die Herberge für den Abend noch nicht und wussten nicht, woher die nächste Mahlzeit kommen würde. Verzeih, dass ich so spreche, Herr, aber der Weg dir nach ist anstrengend. Ich finde in mir nicht mehr die Kraft, ihn bis ans Ende zu gehen. Darum lass ab von mir, dann will ich wieder fischen gehen.

Herr, ich sehne mich nach der Sicherheit, die ich besaß, ehe du mich riefst. Ich war daheim in meiner Welt. Jetzt zweifle ich an mir. Zweifle ich nicht auch an dir? Wie wogende Wellen bestürmen mich Furcht und Reue. Mir ist bange vor den weiten Horizonten deines Reiches. Ich schrecke zurück vor der Größe meiner Aufgabe, an die du mich gestellt hast, vor der strengen Konsequenz meiner Berufung. Wie kann ich dir da noch dienen? Herr, berufe einen anderen, einen, auf den du dich verlassen kannst, und lass mich wieder fischen gehen!»

Und Jesus sprach zu Petrus: »Hast du mich lieb?«

Petrus antwortete: »Herr, du weißt alle Dinge, du weißt, dass ich dich lieb habe.«

Spricht Jesus zu ihm: »Weide meine Lämmer.«

Auf der Spur

Als ich in meinem Fragen soweit gekommen war, machte ich eine wichtige Entdeckung. Ich war nicht allein mit dieser Unruhe und mit meinem Suchen. In der Gruppe, mit der ich zusammenarbeitete und auch in meinem weiteren Freundeskreis waren Jüngere, die genau so suchten und fragten wie ich. Einige von ihnen hatten Verbindung zur Ruferbewegung, einer Gruppe innerhalb des Bundes Evangelisch-Freikirchlicher Gemeinden, in der sie Erneuerung erfuhren.

In Basel begannen wir, als Mitarbeiter morgens gemeinsam zu beten; aber es war mühsam und klappte nicht recht. Gott machte es anders, als wir es uns vorgestellt hatten. Er schickte uns schwierige Menschen ins Haus, als Untermieter, an deren Problemen wir nicht vorbeigehen konnten. Dadurch bekamen unsere Gebetsstunden am Morgen neue Dringlichkeit. Wir lernten von uns und unserem Verlangen nach innerer Erneuerung wegzusehen auf die Menschen, die Gott uns anvertraut hatte. Wie wenig Liebe hatten wir im Grund für sie, wie schnell gaben wir auf! Jetzt machten wir einen neuen Anlauf, begannen sie mit Jesu Augen zu sehen, nicht nur als unsere recht mühsamen Mieter. Aber auch innerhalb unserer Gruppe traten Schwierigkeiten auf, die wir so vorher nicht gehabt hatten. Statt uns mit neuer Kraft zu erfüllen, zeigte Gott uns unseren Mangel.

Und doch ließ Gott uns keine Ruhe. Er war wie ein Magnet, der uns anzog. Er ging voraus, und wir gingen ihm nach mit Sehnsucht in unseren Herzen. Ich las damals das Buch von Florence Alshorn »Ein Mensch wagt zu lieben«. Das kompromisslose Leben dieser alleinstehenden Frau in der Nachfolge Jesu rüttelte mich aufs neue auf. Sätze wie diese: »Aus einer Schau muss lebendige Wirklichkeit werden« und Begriffe wie: »Sich der Niederlage verweigern« wurden zum Aufruf an mich persönlich.

So blieb ich auf der Spur ohne zu wissen, wohin sie mich führen würde.

Amsterdam

Im Juli 1967 nahm ich an der 8. Mennonitischen Weltkonferenz teil, die in Amsterdam stattfand unter dem Thema: »Das Zeugnis des Heiligen Geistes«. Dieses Thema war zeitnah. Denn das Interesse der Kirchen und Gemeinschaften in aller Welt hatte sich mittlerweile der dritten Person der Dreieinigkeit, dem Heiligen Geist, zugewandt. Man war beunruhigt und aufgestört durch Gruppen von Gläubigen in manchen Denominationen, die bezeugten, die Kraft des Heiligen Geistes ganz neu erfahren zu haben.

Erland Waltner, der Präsident der Vereinigten Bibelseminare Goshen und Elkhard, Indiana, USA, schloss seine Eröffnungsansprache in Amsterdam mit den Worten: »Um uns dem Heiligen Geist zu öffnen, brauchen wir an keinen besonderen Ort zu fahren. Wir, die wir Tausende von Kilometern nach Amsterdam gereist sind, hätten nicht nach hierher kommen brauchen, um mit dem Heiligen Geist erfüllt zu werden, und andrerseits brauchen wir Amsterdam auch nicht zu diesem Zweck zu verlassen. Wir müssen nur erkennen, dass, wo immer Menschen sind, Gott auch da ist, und wo immer Gott ist, da ist auch sein Geist bereit, sich selbst zu bezeugen und zu wirken. Wir müssen nur unsere Herzen und Gedanken in bußfertigem und gehorsamem Glauben öffnen. Wir müssen darum bitten. Bitten heißt beten. Jesus hat gesagt, dass wenn wir, die wir böse sind, unseren Kindern gute Gaben geben können, der Vater im Himmel vielmehr uns den Heiligen Geist geben wird, wenn wir bitten. Wir haben ihn gebeten, und Gottes Geist ist unter uns. Gerade jetzt dürfen wir seine neuschaffende, aufbauende, versöhnende, erleuchtende, belebende und ordnende Kraft erfahren, wenn wir ihm nur Raum geben. Wer Ohren hat, der höre, was der Geist den Gemeinden sagt.«

So wurde der Hoffnung und Erwartung Ausdruck gegeben, dass eine neue Erfüllung mit dem Geist unter uns geschehen könne. Es gab aber nicht genug Zeit und Stille, um tiefer über das nachzudenken, was in den Vorträgen geboten wurde. Wir sprachen mit vielen Bekannten, aber es waren selten tiefere Gespräche möglich, es sei denn, man zog sich eine Weile zurück, unbewusst verfolgt von dem Gedanken, dass man nun leider den nächsten Vortrag verpasste.

Am Freitagmorgen erschien in den täglichen Konferenznachrichten eine kleine Notiz, dass außerhalb des geplanten Konferenzprogramms Suhadiweko Djojodihardjo, der Vorsitzende der Synode der javanischen Mennonitengemeinden, über die Erweckungsbewegung in Indonesien sprechen würde. Er war Mitglied des Weltkonferenzpräsidiums und vertrat die damals rund dreißigtausend javanischen Mennoniten.

Nur eine verhältnismäßig kleine Gruppe kam an jenem Freitagabend zusammen, um den Bericht aus Indonesien zu hören, der zeitlich recht spät angesetzt war. Beim Zuhören geschah in mir etwas ganz Unerwartetes. Während Bruder Djojodihardjo schlicht berichtete, wie Gottes Heiliger Geist sein Leben von Grund auf erneuert habe und nun auch Erneuerung in den Gemeinden schenke, wurde in mir eine Hoffnung geboren, die der Resignation und geistlichen Müdigkeit ein Ende machte. Es war die Gabe des Heiligen Geistes an mich an jenem Abend. Er ist ein Geist der Hoffnung, und zwar nicht nur die Dinge der Ewigkeit betreffend. Ewigkeitshoffnung hatte ich immer gehabt. Aber die Hoffnung, die an jenem Freitagabend in mir geboren wurde, war eine Hoffnung für die Welt, die christliche und die nichtchristliche Welt, in der ich lebte und der ich mich nicht mehr zu entziehen brauchte, weil es diese Hoffnung gab. Sie entzündete sich noch einmal an den Schlussworten des Redners: »Ich danke Gott , dass ich von der Tatsache zeugen kann, dass der Heilige Geist heute genau so wirkt wie in den neutestamentlichen Gemeinden.«

Am letzten Konferenztag traf ich noch einmal kurz mit dem Leiter der Sektion für Literatur zusammen, um die Ergebnisse und Anregungen zu besprechen, die sich aus unserer Sektionsarbeit ergeben hatten. Wir waren von einem indonesischen Bruder dringend gebeten worden, den indonesischen Gemeinden zu helfen, gute christliche Literatur zu schaffen. Nun sagte der Sektionsleiter ganz unvermittelt zu mir: »Ich glaube, dass einer von uns beiden nach Indonesien gehen sollte.« Ich konnte ihm daraufhin von der Veränderung sagen, die seit jenem Freitagabend in mir vorgegangen war und von dem Gedanken, die javanischen Gemeinden zu besuchen. Daraufhin meinte er: »Es könnte gut sein, dass du gehen solltest.«

»Hilf mir ja sagen«

Gleich nach der Weltkonferenz suchte ich ein Reisebüro auf und erkundigte mich nach dem Preis einer Flugkarte nach Indonesien. Mir war klar, dass ich unabhängig bleiben und für die Reise selbst aufkommen wollte. Ich überschlug, bis wann ich das Reisegeld beieinander haben könnte und kam auf April 1968.

Ich sprach auch noch einmal mit Bruder Djojodihardjo über diese Reise, als er uns während der allsommerlichen Kinderfreizeit auf dem Liebenstein besuchte. Er ermutigte mich, voranzugehen und dann über das Leben der Mennonitengemeinden in Java zu berichten. Als ich ihm nach unserem Gespräch die Schlafräume der Kinder zeigte, fanden wir einen elfjährigen Jungen mit starken Kopfschmerzen und Fieber im Bett. Bruder Djojodihardjo sprach freundlich mit ihm, legte ihm dann die Hand auf den Kopf und betete still für ihn. Auch ein Mädchen, das wir am Morgen mit 39 Grad Fieber ins Bett geschickt hatten, suchte er auf und betete für sie. Am Abend waren beide Kinder fieberfrei und blieben es auch. Der Junge vertraute seinem Bruder an:

»Als der Onkel die Hand auf meinen Kopf legte, wurde mir besser.«

Als ich im Herbst wieder an meinem gewohnten Arbeitsplatz saß, merkte ich, dass während der letzten Monate eine Bewegung in mir entstanden war, die sich nicht mehr aufhalten ließ. Ein neuer Abschnitt meines Lebens hatte begonnen! Ich war gewohnt, den Tag mit Bibellesen und Gebet zu beginnen. Seit Amsterdam machte mir diese halbe Stunde am Morgen soviel Freude, dass mir das Aufstehen leicht fiel. Gottes Wort sprach klarer, direkter. Ein Wort, an das ich mich in den nächsten Monaten besonders hielt, war: »Werdet nicht der Menschen Knechte«, mit der Erklärung: »Gottes Geist gibt die Befehle. Eine Bewegung, einzelne Menschen, können uns weiterhelfen, aber es bleibt unsere Aufgabe, vor Gott zu prüfen, was wahr und richtig ist.«

Das, was mich bei aller Freude, bei allem Vorwärtsgehen doch unruhig machte, ja oft mit Furcht erfüllte, war die Frage: Was lag vor mir? Wohin würde Gott mich führen?

In jener Zeit beschäftigte mich wiederholt ein Gebet von Michel Quoist. Ich konnte mich und meine Lage nicht ganz mit dem identifizieren, was er in seinem Gebet »Hilf mir ja sagen« ausdrückte. Aber es zeigte mir doch in schonungsloser Offenheit, dass es auch in meinem Leben Bereiche gab, in denen ich noch etwas zurückhielt. Und dieses Zurückhalten verhinderte den Durchbruch zu einer tieferen Übergabe. Hier einige Auszüge aus diesem Gebet:

»Herr, ich habe Angst, ja zu sagen.
Wohin wirst du mich führen?
Ich habe Angst, den längeren Strohhalm zu ziehen,

ich habe Angst, eine Blankounterschrift zu geben,
ich habe Angst vor dem ja, das andere ja nach sich zieht.

Und dennoch habe ich keinen Frieden.
Herr, du verfolgst mich, du umzingelst mich von allen Seiten.
Ich suche den Lärm, denn ich fürchte, sonst dich zu hören,
aber du schleichst dich in einem stillen Augenblick ein.
Ich flüchte mich abseits vom Wege, denn ich habe dich bemerkt,
aber am Ende des Seitenpfades wartest du bereits auf mich, wenn ich ankomme.

Wo soll ich mich verbergen? Überall begegne ich dir.
Es ist unmöglich, dir zu entgehen! ...

Denn du, Herr, bist der Stärkere,
du besitzt die Welt und entziehst sie mir ...
Du hast rings um mich eine Wüste geschaffen.
Und ich habe Hunger, ich habe Durst.
Die ganze Welt könnte mich nicht satt machen.

Herr, ich habe dich doch geliebt; was habe ich dir denn getan?
Für dich habe ich gearbeitet, für dich mich hingegeben.
O großer und schrecklicher Gott, was willst du denn noch?«

»Mein Kind, ich will mehr für dich und die Welt.
Was du früher getan hast, das war deine eigene Tätigkeit,
aber ich hatte dabei nichts zu tun.
Du ludest mich ein, sie gutzuheißen, sie zu unterstützen.
Aber siehst du, mein Kind, du hast die Rollen verwechselt.

Ich bin dir mit den Augen gefolgt,
ich habe deinen guten Willen gesehen,
jetzt aber will ich mehr für dich.
Nicht mehr deine Arbeit sollst du tun,
sondern den Willen deines Vaters im Himmel.
Sage ja, mein Kind.

Ich brauche dein ja, wie ich das ja Marias gebraucht habe,
um auf die Welt zu kommen;
denn Ich muss bei deiner Arbeit sein,
Ich muss in deiner Familie sein,
Ich muss in deinem Bezirk sein und nicht du,
denn mein Blick durchdringt und nicht deiner,
mein Wort trägt und nicht deines.
Gib mir alles, überlasse mir alles.
Ich brauche dein ja, um mich mit dir zu vermählen
und auf die Erde herabzusteigen.
Ich brauche dein ja, um die Welt weiter retten zu können.«

»O Herr, ich habe Angst vor deiner Forderung,
aber wer kann dir widerstehen?
Damit dein Reich komme und nicht das meine,
damit dein Wille geschehe und nicht der meine,
hilf mir ja sagen.«

Klausur in Dassel

Es gab zwei Gründe, weswegen ich mich Ende Oktober jenes Jahres zu einer Klausur in Dassel anmeldete. Ich sollte in Kürze eine neue Verantwortung im Agape-Verlag übernehmen – die Herausgabe unseres mennonitischen Gemeindeblattes – und suchte auch noch nach einer letzten

Gewissheit, ob meine Reise nach Indonesien nach Gottes Willen sei.

Fünfundzwanzig Teilnehmer fanden sich Ende Oktober in dem hochgelegenen CVJM-Heim im Solling zusammen. Wir gehörten ganz verschiedenen Altersstufen, Berufen und Denominationen an. Diese Klausur, von der Ruferbewegung veranstaltet, war eine Fastenklausur. Sie unterschied sich von anderen Freizeiten dadurch, dass man sich freiwillig für eine Zeitlang von allem trennt, was sonst den Tag ausfüllt: Arbeit, Unterhaltung, Essen ... Dies geschieht, um sich während dieser Zeit unabgelenkt auf Gott konzentrieren zu können.

Dassel war Gottes Zeit für mich. Die Klausur wurde zu einem Meilenstein in meinem Leben. In Dassel übergab ich Gott meinen Willen, mein ganzes Leben aufs Neue. Ich gab Gott das uneingeschränkte Ja, um das er geworben hatte. Es geschah für mich überraschend still, so wie Gott das manchmal macht. Ich war nach vielen guten Tagen am vorletzten Tag in einc Krise geraten. Unser Tagungsleiter hatte am Vormittag über Führung gesprochen und einige ganz konkrete Beispiele aus seinem Leben gebracht. So etwas kannte ich noch nicht, so völlig abhängig von Gott meine Entscheidungen treffend lebte ich nur im Ausnahmefall. Würde ich es je lernen? Wollte ich es überhaupt lernen? (»Gib mir alles, überlasse mir alles ...«) Ich ging in mein Zimmer und wusste nicht weiter. Ich war nach Dassel gekommen, um größere Kraft für eine größere Aufgabe zu erbitten, um mehr zu erfahren über die Vollmacht aus dem Heiligen Geist. Nun ahnte ich, was der Preis dafür sein könnte: Die Hingabe meines eigenen Willens. War ich bereit, den Preis zu bezahlen? Oder wäre es nicht doch einfacher, wenn alles beim Alten bliebe, wobei das Alte ja nicht schlecht gewesen war!

Wohin würde Gott mich führen, wenn ich ihm eine Blankounterschrift gäbe?

Am Abend bat ich um ein kurzes Gespräch mit dem Leiter unserer Klausur. Er zeigte mir, dass Gott selbst mir Schritt für Schritt offenbaren müsse, was dieses »alles« in meinem Leben sei. Dann gab er mir ein Gebet, das genau das ausdrückte, was ich an jenem Zeitpunkt zu versprechen bereit war. Es brachte mich wieder in den Frieden, der uns erfüllt, wenn wir Gott in einer bestimmten Sache verstanden haben und ihm gehorsam geworden sind:

»Herr, hiermit übergebe ich dir alle meine Pläne,
alle meine Wünsche, Hoffnungen und Befürchtungen,
und ergebe mich deinem Willen für mein ganzes Leben.
Was du von mir willst, das nimm.
Was du willst, das kommen soll, das sende.
Wo immer du haben willst dass ich hingehen soll, dahin sende mich.
Was ich aufgeben soll, das offenbare mir.
Deinen Willen, mein Gott, tue ich gern.«

VII. Neue Horizonte

(1968–71)

Reise nach Indonesien

Ich sitze im Büro von Samuel Gerber, dem Leiter der Bibelschule auf dem Bienenberg. Er hat mir gerade mitgeteilt, dass das Bibelschulkomitee, dem auch der Agape-Verlag unterstand, meiner Bitte zugestimmt und mir einen zweimonatigen unbezahlten Urlaub für eine Reise nach Indonesien gewährt habe. Sein Schlusssatz: »Du darfst also gehen. Es kann aber sein, dass du nach deiner Rückkehr nicht mehr die gleiche sein wirst. Du wirst vielleicht nicht mehr lange im Agape-Verlag arbeiten wollen.«

Ich stand wie auf einer Brücke. Ich sah einen Moment zurück. Die Agape-Serie war fast abgeschlossen, die Flugsamen-Serie auch. Mein Unterricht auf dem Bienenberg hatte mir viel Freude gemacht, weil es wieder Kinder und Bücher sein durften. Ich hatte die beiden Fächer Kinderarbeit und christliche Literatur unterrichtet. Natürlich würde ich im Juni wieder zurückkommen. Aber für wie lange?

In die letzten Wochen vor meiner Abreise fiel der Besuch einer Teilnehmerin der Klausur in Dassel. Sie fühlte sich innerlich gedrängt zu kommen, obwohl sie nichts von meinen Plänen wusste. Wir hatten nach Dassel keinen Kontakt mehr gehabt. Als ich ihr erzählte, wie Gott mich seit Dassel geführt hatte, wurde ihr klar, warum Gott sie nach

Basel geschickt hatte. Sie betete für mich und Gott gab ihr eine Verheißung für meine Reise aus Jesaja 55,12–13. Ich hatte diese Verse schon einmal während eines stillen Bibellesens empfangen, aber sie waren mir zu groß für mich erschienen. Nun konnte ich sie dankbar annehmen: »Ihr sollt in Freuden ausziehen und im Frieden geleitet werden …« Gott erfüllte mich mit neuer Kraft.

In dieser Kraft konnte ich angehen, was wie ein großer Berg vor mir gelegen hatte: meine vielerlei Aufgaben im Agape-Verlag so abzuschließen, dass ich meine Arbeit geordnet übergeben konnte. Am 10. April 1968 brach ich im Frieden auf.

In Jakarta nahmen mich meine chinesischen Freunde, die die indonesische Staatsangehörigkeit besaßen, in Empfang. Vor vierzehn Jahren hatten wir uns als Studenten im Goshen College kennengelernt. Nun leiteten sie eine Mennonitengemeinde in Jakarta. Wir verstauten mein Gepäck in ihrem Auto, einem Ford aus dem Jahr 53. Während wir durch die schon dunklen Straßen fuhren, drang das indonesische Leben von allen Seiten auf mich ein. Ich sah, hörte und roch es gleichzeitig: Menschen säumten den Straßenrand, sammelten sich an den kleinen, von einfachen Petromaxlampen beleuchteten Verkaufsbuden oder waren unterwegs in hupenden Autos, auf Mopeds oder Fahrrädern ohne Beleuchtung. Manche saßen auch in Fahrradtaxen, Bejaks genannt, die ihre Fahrer mit großem Geschick und schrillem Klingeln durch den Linksverkehr jonglierten. Eine süßliche Duftwolke von Zigaretten, mit Nelkenaroma angereichert, drang in unser heruntergerolltes Fenster, dazu der Geruch von Fettgebackenem und Fisch.

Wir bogen in eine enge Seitenstraße in einem Chinesenviertel ein, die etwas breiter war als unser Auto, fuhren den großen Wagen in eine kleine Garage und waren zuhause. Ein richtiges Zuhause wurde mir dieses kleine bescheidene Heim der Tans während meiner Zeit in Indonesien.

Mein Kennenlernen von Menschen, Orten und Verhältnissen auf Java, der Hauptinsel des riesigen Indonesischen Reiches, auf der sich 75 % aller Einwohner zusammendrängten, geschah durch Beobachten und durch Gespräche, wobei ich allerdings immer Übersetzer brauchte. Ein Mosaikstein reihte sich an den anderen zu einem Muster, das im Verlauf der Wochen vielfältiger und bunter wurde und sich langsam zu einem Ganzen zusammenfügte. In Jakarta lernte ich mehr die Chinesen kennen, deren Vorfahren aus verschiedenen Gründen aus China in das Inselreich gekommen waren. Wohlhabender als die einheimische Bevölkerung, hatten sie ihre großen Häuser mit hohen Steinmauern umgeben. Es drückte die Unsicherheit aus und den Wunsch, sich abzuschließen, weil sie nicht gern gesehen waren. Mit diesen chinesischen Freunden konnte ich Englisch sprechen.

In Semarang, der drittgrößten Stadt Indonesiens in Mitteljava, waren die Verhältnisse ähnlich. Dort zeigte mir der Bruder, dem ich in Amsterdam begegnet war, vor allem die Sonntagsschulgruppen seiner Gemeinde. Um 6 Uhr morgens nahmen wir am ersten Gottesdienst in der Kirche teil, und dann besuchten wir sieben oder acht Häuser in der näheren oder weiteren Umgebung, wo Sonntagsschulstunden gehalten wurden. Oft gesellten sich auch javanische Kinder aus der jeweiligen Nachbarschaft dazu.

Ob sie in den Schulferien auch Kinderbibelwochen durchführten, fragte ich in den Großstädten Jakarta und Semarang. Meine Freunde verneinten, meinten aber, dass man sie sicher durchführen könne, weil viele Kinder sich in den langen Sommerferien besonders in den großen Städten auf den Straßen herumtrieben und nicht viel Sinnvolles zu tun hätten.

Ganz anders waren die Verhältnisse in den javanischen Mennonitengemeinden in Mitteljawa, die in den Kleinstädten und Dörfern um den Muriaberg herum lagen. Hier musste immer jemand für mich übersetzen. Ich sah das Krankenhaus in einer streng muslimischen Gegend, die Schulen für die unbemittelten Kinder, die von den Gemeinden in Europa unterstützt wurden und in denen die Kinder nur sehr wenig bezahlen mussten. Wie einfach, arm und ursprünglich war diese Welt in den Tropen von der Welt, aus der ich kam!

Ich fragte auch hier, ob die Gemeinden Kinderbibelfreizeiten durchführten. Nein, sie seien nicht bekannt, zudem könne kein Kind zehn Tage lang daran teilnehmen. Die Eltern könnten ihm höchstens Reis für fünf Tage mitgeben!

Auch in diesen Dörfern waren es Gespräche mit Einzelnen und ihr Erzählen, das einen tieferen Eindruck vermittelte. Oft saßen wir auf den schattigen Veranden der Häuser, deren Wände aus kunstvoll geflochtenen Bambuswänden bestanden, die in der Hitze den Wind durchließen. Kokospalmen und Bananenbäume gaben wohltuenden Schatten. Während wir langsam den süßen javanischen Kaffee tranken, erfuhr ich, wie Gottes Geist im Leben unserer Gastgeber und in ihren Gemeinden gewirkt hatte. Es hatte aber auch Verwirrung und Spaltungen gegeben, und sie baten meine Begleiterin um Rat. Am bewegendsten war es zu hören, wie einzelne Gemeinden Evangelisten aussandten in andere, von dem Evangelium noch nicht erreichte Dörfer. Dort sammelten sie Kinder, beteten für Kranke und riefen neue Hausgruppen ins Leben.

Besuch in Batu, Ostjava

Ein Höhepunkt meines Indonesienaufenthalts war der Besuch in Batu in den Bergen Ostjavas, wo 1957 Missionare des WEC (Weltweiter Einsatz für Christus) eine Bibelschule ins Leben gerufen hatten. Nun war ich an dem Ort, von dem mir die drei Jungen in Bowil während der Kinderfreizeit erzählt hatten. Die Missionsgemeinschaft hatte im Jahr zuvor eine Erweckung erlebt, und ich hatte Gelegenheit Zeugnisse zu hören, die mir halfen, Gottes Weg in jenen für Indonesien so entscheidenden Jahren zu verstehen. In Batu lernte ich auch Ruth Läufer kennen, die zusammen mit indonesischen Mitarbeiterinnen Unterrichtshilfen für den Kindergottesdienst herausbrachte. Sie wurden auf die einfachste Art vervielfältigt und dann vor allem durch die Bibelschüler im weiten Inselreich verbreitet. Da überall neben den Stammessprachen die indonesische Einheitssprache gesprochen wurde, war eine sehr weite Verbreitung möglich. »Suara Sekolah Minggu« lautete der wohlklingende Name dieses Materials auf Indonesisch, zu Deutsch: »Stimme der Sonntagsschule«. Ich ahnte, wieviel Mühe und Hingabe in dieser Arbeit steckte, die meiner in Basel ja verwandt war.

»Komm wieder, wir haben viel Arbeit für dich,« sagte Albert Wijaja, der junge chinesische Bruder, der uns in Amsterdam eingeladen hatte, am Ende meines Indonesienaufenthalts zu mir. Es war nicht schwer, ihm zu glauben! Noch nie hatte ich so viele Kinder beieinander gesehen. Im Gegensatz zu Deutschland und der Schweiz hatten die meisten von ihnen noch nie Gelegenheit gehabt, von Jesus zu hören.

Dr. Marthe Ropp, die französische Ärztin aus dem Elsass, die seit 1959 auf Java arbeitete und mich auf vielen Strecken meiner Reisen begleitet hatte, hatte ihren Heimaturlaub so gelegt, dass wir zusammen zurückfliegen konnten. Wir machten einen zehntägigen Zwischenhalt in Indien, um Bruder Bakth Sing zu besuchen und seine Arbeit in Hyderabad kennenzulernen. An einem Abend während eines Zwischenhalts in Madras, stand ich auf dem kleinen Balkon unseres Hotels und las in der warmen Tropennacht in der Bibel. Mein Blick fiel auf Jesaja 54,5: »Der dich gemacht hat, ist dein Mann – Herr Zebaoth ist sein Name – und dein Erlöser ist der Heilige Israels, der aller Welt Gott genannt wird.« Ich hatte ein tiefes Ja zu dem, was ich las und wusste unmissverständlich, dass Gott für immer die volle Verantwortung für mich und mein Leben übernommen hatte. Marthe Ropp und ich lasen diese Stelle noch einmal, und dann beteten wir Gott an, aufs Tiefste überwältigt von solcher Fürsorge. Mit dieser Verheißung kehrte ich im Juni 1968 nach Basel zurück.

Abschied von Basel

Es kam so, wie der Bibelschulleiter auf dem Bienenberg vorausgesagt hatte. Ich war nach meinem Besuch in Indonesien nicht mehr die gleiche und blieb nicht mehr lange in Basel. Wir hatten in unserem Verlagsprogramm erreicht, was wir uns als Ziel gesetzt hatten: die Agape-Serie war abgeschlossen. So gab es nur zwei Möglichkeiten: Auf der Höhe zu schließen und unsere Produktion einem anderen Verlag zu übergeben, oder aber neue Autoren zu gewinnen und das Verlagsprogramm zu erweitern. Dazu hatten wir aber nicht das geeignete Personal; weder Lothar Fromm, der seit 1968 den Verlag leitete, noch ich hatten eine neue Schau. Der Brunnen-Verlag Basel war bereit, die Agape-Serie für Kinderbibelfreizeiten und die Flugsamen-Serie zu übernehmen und zehn Jahre lang weiter aufzulegen. 1970 übergaben wir ihm unser Verlagswerk.

Die Auflösung des Verlags und unseres ganzen Haushalts war schwerer für mich, als ich gedacht hatte. Ich wusste aber, dass es der richtige Weg für den Verlag war und auch für mich persönlich. Ich wurde frei für eine neue Zukunft. Wir arrangierten alle Möbel, alles Geschirr, alles, was in den langen Jahren zu unserem Haushalt gehört hatte und veranstalteten eine Auktion für unseren Freundeskreis. In einem kleinen Zimmer hatte ich meine persönlichen Dinge, die ich nicht mitnehmen konnte, und meine Pflanzen ausgestellt. Der Erlös aus diesem Zimmer war für die Mission bestimmt. Unsere Freunde kamen und kauften, was ihnen gefiel und was sie brauchen konnten. Es war zugleich mein Abschied von ihnen.

Dr. Marthe Ropp, die »zufällig« in Basel war, kam an jenem Abend zu uns in die Starenstraße und blieb über Nacht. Nach dem Abschluss der Auktion, als alle Freunde gegangen waren und es still wurde, betete sie ein kurzes Gebet: «Herr, nun schließe du selbst die Tür hinter ihr zu.»

Eine Planstelle für Kinderarbeit

Während wir die Arbeit im Agape-Verlag in Basel abschlossen, befand ich mich in derselben Situation wie vor meiner ersten Reise nach Indonesien. Ich wusste die Richtung für die Zukunft, aber nicht die nächsten Schritte. Deshalb nahm ich zunächst ein Angebot der mennonitischen Jugendkommission an. Ein halbes Jahr lang sollte ich von Deutschland aus die Kinderarbeit in den Mennonitengemeinden des Süddeutschen Raumes betreuen und ihnen beratend zur Seite stehen. Denn mit dem Schließen des Agape-Verlages, der ja jahrelang die Kinderarbeit in den deutschen Gemeinden entwickelt hatte, fiel dieser Dienst aus. Nach einem halben Jahr sollte entschieden werden, ob neben der Süddeutschen Jugendkommission auch eine Planstelle für eine ständige Kraft für Kinderarbeit geschaffen werden könne. Ich durfte also helfen, mich selbst entbehrlich zu machen, zugleich aber die so nötige Aufmerksamkeit der Gemeinden auf die Kinderarbeit zu richten, die wir von Basel aus angeregt und gefördert hatten.

Es wurde ein forderndes, aber erfülltes Halbjahr, mit einem Ziel, das mir sehr am Herzen lag. Ich wohnte noch einmal in Korntal bei meiner Familie und hatte ein kleines Büro im neuen Mädcheninternat, dessen Räume der Missionsbund Licht im Osten damals gemietet hatte. Von dort aus unternahm ich meine Reisen in die Gemeinden.

Eine Einladung zu einer Kinderwoche im Elsass auf dem Geißberg ist mir besonders in Erinnerung geblieben. Sie lag außerhalb der deutschen Gemeinden, wurde aber zu einem Pionierunternehmen, in dem ich Neues ausprobieren durfte: Keine zweiwöchige Kinderbibelfreizeit, sondern vier Kindertage – in eine Gemeinde eingebettet – zu der natürlich auch andere Kinder von außen eingeladen werden durften. Die Mitarbeiter kamen alle aus der Gemeinde Geißberg, und so wurden diese vier Tage zugleich eine Helferschulung. Das Material gestaltete ich frei. Da die Kindertage in die Karwoche fielen, wählte ich die Berufung Moses und den Auszug der Kinder Israel aus Ägypten. Das Passahlamm, das geschlachtet werden sollte und mit dessen Blut die Israeliten ihre Türpfosten bestreichen sollten, half den Kindern, das Geschehen von Karfreitag zu verstehen. Wir erhielten die Genehmigung von der Gemeinde, mit der Kindergruppe am Abendmahl dabei sein zu dürfen, ohne daran teilzunehmen. Dieser Gottesdienst war ein gesegneter Abschluss unserer Kinderwoche. Jesus war mitten unter uns, und die Kinder wussten es.

Das Versuchshalbjahr März–August 1970 wurde mit der Bilanz abgeschlossen, dass es nötig sei und möglich gemacht werden würde, eine Planstelle für Kinderarbeit innerhalb der Süddeutschen Jugendkommission zu schaffen. Sie besteht bis heute.

Missionskandidatin

»Hast du Gott überhaupt gefragt, mit welcher Missionsgemeinschaft du nach Indonesien gehen sollst?« hatte Hanna Förster vom WEC mich kurz vor ihrer Wiederausreise nach Gambia im Herbst 1969 gefragt. Nein, das hatte ich nicht! Ich war so sicher gewesen, dass ich mit der Missionsbehörde meiner Mennonitischen Gemeinschaft nach Indonesien gehen würde. Dort hatte ich mich im Juni bereits als Kandidatin angemeldet. Dann aber passierte Verschiedenes, das mich ins Fragen brachte. Es war, als blieben die Türen verschlossen. Es ging irgendwie nicht voran. So nahm ich Hanna Försters Frage ernst. Außer EMEK (Europäisches Mennonitisches Evangelisationskomitee) war mir nur der WEC – Weltweiter Evangelisationskreuzzug, wie er damals noch hieß – bekannt. Es vergingen Monate, ohne dass ich zu einer Entscheidung kam. Ich wartete einfach. Gegen Jahresende bat ich den Herrn um ein wegweisendes Wort. Nicht eins, das ich mir selbst zog, sondern eins, das mir jemand zusprechen würde, und zwar noch vor Jahresende. Am 31. Dezember erhielt ich eine Karte aus der Schweiz von einer lieben Bekannten. Auf dieser Karte stand das Wort: »Wir wissen nicht, was wir tun sollen, aber unsere Augen sehen auf dich« (2. Chronik 20,12c). Das war das erbetene Wort, obwohl ich mir ein aktiveres gewünscht hätte. Die einzige Aktion war jetzt, auf den Herrn zu sehen.

Während einer Fastenklausur, die wir noch in der Starenstraße in Basel hielten, hatte jemand von den Teilnehmern eine Schau für mich und sah eine tropische Landschaft und Berge. Es musste nun bald zu einer Entscheidung kommen. Es war entweder EMEK und der Weg in die Mennonitengemeinden in Mitteljawa, oder WEK und der Weg in die interdenominationelle Indonesische Missionsgemeinschaft in Batu in den Bergen Ostjavas. An beiden Stellen war die Möglichkeit, Kinderarbeit zu tun. Was sollte ich wählen? Wo wollte Gott mich haben?

Im März musste ich noch einmal nach Berlin zu einer Tagung der Vereinigung Evangelischer Freikirchen. Ich hatte mich auf einen Abend mit meinen Freunden im Friedensheim gefreut. Aber gerade an diesem Abend waren sie eingeladen, und ich blieb allein. Ich hatte Zeit, wirklich den Herrn zu suchen in der Entscheidung, die immer dringlicher wurde. Und dann auf einmal war sie da. Ich verstand innerlich, dass ich drei Briefe schreiben sollte. Den ersten mit einer Abmeldung beim EMEK. Den zweiten mit einer kurzen Nachricht an Batu, dass ich gerne zu ihnen käme, wenn ich vom WEK als Kandidatin angenommen würde. Den dritten mit einer Anmeldung an den deutschen WEK. Ich schrieb diese drei Briefe noch am gleichen Abend. Am nächsten Morgen kam die nächste innere Weisung, die Briefe in Berlin-Lichterfelde Ost einzuwerfen und nicht erst in Stuttgart. Ich tat es. Als ich in Stuttgart landete, begrüßte meine Schwester mich mit den Worten: »Ich habe eine gute Nachricht für dich. EMEK sieht nun einen Weg, dich nach Indonesien zu senden, obwohl noch nicht alles ganz klar ist.« Ich war wie vor den Kopf geschlagen. Hatte ich falsch gehört? Vielleicht hätte ich die Briefe doch nicht in Berlin einwerfen sollen? Wir sprachen nicht viel beim Heimfahren und während des Abendessens. Als ich dann meiner Familie erzählte, wie ich in Berlin geführt worden sei, bestärkte Mutter mich, bei dem Entschluss zu bleiben, den ich unter Gottes Leiten in Berlin gefasst hatte.

So fand ich mich denn im Herbst als Missionskandidatin des WEK in Vockenhausen im Taunus vor, wieder einmal zu spät, denn der Kandidatenkurs hatte bereits begonnen. Das erste Gefühl war eine unglaubliche Erleichterung, dass alle die vielen Aufgaben, die ich jahrelang wahrgenommen hatte, in die ich richtig verstrickt gewesen war, nun von anderen übernommen worden waren. Ich war frei für etwas Neues!

Wir waren sieben Kandidaten, und zwei andere aus meinem Kursus, Schwester Renate Hensel und Werner Jahnke, arbeiteten später auch jahrelang in Indonesien. Die Aufgaben, die wir nun hatten, schienen einfach zu sein; der Kopf konnte dabei ausruhen, zum Beispiel beim stundenlangen Laubrechen im Garten, auch beim Putzen des Hauses. Aber es war ein Einüben in eine Gemeinschaft von Missionaren und angehenden Missionaren. Das Leben aus dem Glauben, ohne Gehalt, musste innerlich durchdacht, vom Wort her erforscht und angenommen und dann praktiziert werden. Das war eine grundlegende Aufgabe. Einige bekamen mehr Gaben, andere weniger, wie stand es damit? Kam da kein Neid auf? Ich sprach mit einer meiner Mitkandidatinnen einmal darüber, als ich sie während meiner Ausreise in London traf. Sie sagte ganz einfach: «Ich habe genügend zum Leben und für meinen Dienst. Wenn Du mehr Gaben erhältst, gibt der Herr dir auch eine größere Verantwortung.»

Dann mussten wir uns einlesen in die Missionsstationen in vielen Ländern. Am besten kamen wir jedoch hinein durch die täglichen morgendlichen Fürbittestunden. Das Leben in der Gemeinschaft in räumlicher Enge brauchte Einübung. Missionare sind keine Heiligen – das war eine Überraschung! Gemeinschaft in Jesus Christus geschah, wie überall sonst auch, durch Leben in der Offenheit und gegenseitigem Vergeben. Es galt zu lernen, wie mit Schwächen bei sich und anderen umzugehen. Was uns allen half war das Ziel, auf das wir zusteuerten. Das Missionshaus war nur Durchgang zu dem Land unserer Berufung.

Wir sind bis heute stolz darauf, dass unser Kurs es war, der den neuen Namen »WEC – Weltweiter Einsatz für Christus« vorschlug, um den »Kreuzzug« aus dem ursprünglichen Namen zu streichen. Zehn Jahre später wurde es der offizielle Name der Mission.

Im Februar wurden wir sieben Kandidaten alle als Mitglieder angenommen. Nach vielen Jahren ist der Bibelvers, der mir während meiner Annahme mitgegeben wurde, Psalm 27,1–3, mein Wort geblieben, dass mich durch die verschiedensten Umstände und Klippen der kommenden Jahre hindurch begleitet hat:

> *Der Herr ist mein Licht und mein Heil, vor wem sollte ich mich fürchten?*
> *Der Herr ist meines Lebens Kraft, vor wem sollte mir grauen?*
> *Wenn die Übeltäter an mich wollen, um mich zu verschlingen,*
> *meine Widersacher und Feinde, sollen sie selber straucheln und fallen.*
> *Wenn sich auch ein Heer wider mich lagert, so fürchtet sich dennoch mein Herz nicht;*

wenn sich Krieg wider mich erhebt, so verlasse ich mich auf ihn.

Rast während einer Wanderung im Harz.

VIII. Aussendung nach Indonesien
(1971)

Meine Reise nach Java hatte Folgen gehabt. In den drei hinter mir liegenden Jahren war mir klar geworden, dass Gott mich wirklich dort haben wollte; aber es war durch einen langen Prozess gegangen. Im April war ich 40 Jahre alt geworden. Ich stand an der Schwelle meiner nächsten 40 Jahre!

Gleich nach der Annahme als Mitarbeiterin des WEC konnte ich mein Visum für Indonesien einreichen. Dann kam die Frage nach dem Termin der Aussendungsfeier. Es war die Regel beim WEC, dass das Visum im Pass eingestempelt sein musste, ehe eine Aussendungsfeier festgelegt wurde. Wir hatten die Feier für den Sonntag Rogate in Korntal geplant, obwohl noch keine Nachricht vom Konsulat eingetroffen war. Es schien der passendste Tag zu sein. Endlich stimmte das Missionshaus zu, auch ohne dass das Visum da war. Am Montagmorgen erhielt ich einen Telefonanruf vom Deutschen Konsulat, dass mein Visum am Samstag eingetroffen, das Konsulat aber geschlossen gewesen sei. Deshalb würde mir die Bestätigung meines Visums erst jetzt mitgeteilt. Also hatten wir recht verstanden. Da war die Freude groß!

Ich war 1947 nach Korntal gekommen und hatte mich als Oberschülerin in der Brüdergemeinde schnell heimisch gefühlt. 1956 war der Missionsbund Licht im Osten, in dem Vater und später auch mein Bruder gearbeitet haben, nach Korntal übergesiedelt. Dass meine Aussendungsfeier im großen Saal der Brüdergemeinde sein durfte, war eine besondere Freude für mich. Vertreter der Mennonitengemeinde Regensburg, der Leiter der Bibelschule auf dem Bienenberg, Schweiz, sowie Vertreterinnen des Deutschen Frauenmissionsgebetsbundes, die mich inzwischen als Patenmissionarin angenommen hatten, waren anwesend. Ruth Läufer, mit der ich nun schon fünfundvierzig Jahre zusammenarbeite, brachte eine kurze Ausführung zu Psalm 126,5–6: »Die mit Tränen säen, werden mit Freuden ernten. Sie gehen hin und weinen und tragen edlen Samen und kommen mit Freuden und bringen ihre Garben.«

Henning Herrmann, der damalige Leiter des deutschen WEC, gab mir das Wort aus Epheser 2,10 mit auf den Weg: »Wir sind sein Werk, geschaffen in Christus Jesus zu guten Werken, welche er zuvor bereitet hat, dass wir darin wandeln sollen.«

Die Tische im Gemeinderaum, in dem wir Kaffee tranken, hatte Mutter mit vielen Frühlingsblumen geschmückt. Sie hatte es sich nicht nehmen lassen, diesen Tag allein auszurichten, als sei es mein Hochzeitstag. Allerdings hatte sie nur mit den auswärtigen Gästen gerechnet. Als mein Bruder in der Abkündigung *alle* Anwesenden herzlich zum Kaffeetrinken einlud, betete ich in meinem Herzen, dass ein Speisungswunder geschehen möge. Meine Schwester lief schnell zum Bäcker und kaufte noch eine Reihe Hefezöpfe. Sie blieben alle übrig. Es hatte gereicht! Als erste stürzten die Kinder in den Saal und an die Kaffeetische. Sie fühlten sich wohl als die bevorzugten Gäste von »Tante Anni«. Dann gingen sie spielen und wir Erwachsenen waren unter uns.

Es war auch schon der Abschied von allen meinen Freunden, denn kurz danach reiste ich aus.

Am Abend, als alles vorüber war, saß ich noch eine Weile mit Mutter zusammen. Ich werde nie vergessen wie sie ihre Hände auf meine Hände legte und zu mir sagte: »Viele haben dir heute viele gute Worte mit auf den Weg gegeben. Ich möchte dir auch noch ein Wort mitgeben: ›Freuet euch nicht darüber, dass euch die Geister untertan sind; freuet euch aber darüber, dass eure Namen im Himmel geschrieben sind.‹«

Mutter hat bis in ihr hohes Alter hinein als treue Beterin hinter mir gestanden. Sie hat auch meine Rundbriefe versandt, bis mein Bruder ihr dies abnahm, als sie 89 Jahre alt war. Vier Jahre später durfte sie im Frieden heimgehen, dorthin, wo mein Vater ihr im Jahr 1961 vorausgegangen war.